ŒUVRES COMPLÈTES

D'ALPHONSE KARR

BOURDONNEMENTS

BIBLIOTHÈQUE CONTEMPORAINE

ALPHONSE KARR

BOURDONNEMENTS

C · L

PARIS

CALMANN LÉVY, ÉDITEUR

ANCIENNE MAISON MICHEL LÉVY FRÈRES

RUE AUBER, 3, ET BOULEVARD DES ITALIENS, 15

A LA LIBRAIRIE NOUVELLE

1880

CALMANN LÉVY, ÉDITEUR

ŒUVRES COMPLÈTES

D'ALPHONSE KARR

Format grand in-18.

PARIS. — IMPRIMERIE EMILE MARTINET, RUE MIGNON, 2.

BOURDONNEMENTS

PAR

ALPHONSE KARR

PARIS

CALMANN LÉVY, ÉDITEUR

ANCIENNE MAISON MICHEL LÉVY FRÈRES

RUE AUBER, 3, ET BOULEVARD DES ITALIENS, 15

A LA LIBRAIRIE NOUVELLE

1880

A JÉANNE BOUYER

BOURDONNEMENTS

J'avais dans le temps constaté l'extrême différence qui existait chez les femmes, entre la pudeur d'eau douce et la pudeur d'eau salée, — du
temps que je vivais à Paris, à Étretat et à Sainte-
Adresse.

A Paris, les bains de femmes dans la rivière
étaient scrupuleusement entourés de planches et
couverts au-dessus, pour que les anges mêmes
ne pussent jeter sur les baigneuses un regard
indiscret.

Si des nageurs « en pleine eau », s'approchaient
de ces forteresses hermétiquement fermées, des
employés des bains les injuriaient, et des gen-

1

darmes qui se promènent en bateau sur la Seine, faisaient quelques menaces, et quelquefois arrêtaient les délinquants.

A la mer, au contraire, les femmes se baignaient presque pêle-mêle avec des hommes vêtus d'un simple caleçon, et se faisaient porter à la mer par des baigneurs payés. — Une corde marquait seule une séparation entre les sexes; la décence consistait pour elles à être assez laides, et elles l'étaient, en effet, dans des sacs de laine avec des bonnets de toile cirée sur la tête, — peut-être est-ce le genre de décence qui protège le plus efficacement la vertu.

Cependant, les hommes bien élevés se baignaient d'eux-mêmes à une certaine distance des femmes, — distance que les femmes pouvaient augmenter à leur gré. D'ailleurs, les femmes restaient au bord et les hommes presque tous nageaient plus ou moins au large : seulement, comme il arrivait qu'un mari inquiet désirât rester près de sa femme, — qu'un père voulût enseigner à nager à sa fille, — ou surveiller ses premiers essais, on imagina de tendre deux cordes au lieu d'une; — ces deux cordes formaient trois compartiments sur la plage, — à

l'extrême gauche, les femmes, — à l'extrême
droite, les hommes, — et au milieu, les hommes
et les femmes, femmes et maris, pères et
filles, etc., qui voulaient se baigner ensemble.

Cela parut suffisant pendant de longues années; d'un côté, la laideur du costume des
femmes, leur pâleur allant quelquefois jusqu'au
vert, — de l'autre, les hommes d'autant plus
laids, au contraire, pour la plupart, qu'ils étaient
moins vêtus, — tout semblait préserver les deux
sexes de pensées dangereuses.

Aujourd'hui, je vois par les journaux de modes
que tout cela est changé; — les femmes se sont
enfin demandé pourquoi, elles qui se montrent
si volontiers à demi nues dans les salons où les
hommes sont astreints à la cravate et à la décence la plus rigoureuse, se laisseraient plus
longtemps empaqueter dans des sacs disgra-
cieux, — elles qui ont tant de si jolies choses à
laisser voir, tandis que les hommes faisaient
une assez laide exhibition de leur personne,
— elles décidèrent qu'il fallait rappeler les
hommes à une décence qui est un devoir pour des
êtres si disgraciés, — et reprendre pour elles-

mêmes le privilège de se montrer généreuses.

On décida alors, pour commencer, que les hommes ne se baigneraient plus que vêtus.

La plupart s'y soumirent — à l'exception de quelques nageurs enthousiastes, qui avaient besoin de l'entière liberté de leurs mouvements, et aimaient mieux se livrer à leur exercice favori, que de « poser » sur la plage avec de l'eau jusqu'à la ceinture. — Il est une raison de cette résignation au costume, de la part de la plupart des baigneurs, et je le dirai à quelques lignes d'ici.

Cette gêne imposée aux hommes satisfaisait les scrupules des femmes, — elles avaient assez accordé à la pudeur, en la faisant porter aux hommes, comme elles leur font porter leur ombrelle et leur éventail, — elles déclarèrent qu'elles pouvaient porter de moins en fait de costume, ce qu'elles obligeaient les hommes à porter de plus, — ça employait autant d'étoffe, et ça revenait à la même superficie de peau humaine voilée.

Elles adoptèrent alors ces costumes, que je vois figurés dans les journaux de modes, — costumes qui, au lieu d'enlaidir, rendent jolies, — parce qu'ils permettent certains artifices, certaine exagérations, certains mensonges, — costumes qui donnent, enfin, l'occasion de se décolleter à la fois par en haut, comme les femmes du monde et par en bas comme les danseuses.

Disons maintenant la cause principale de la résignation de la plupart des hommes, au costume et à la pudeur méticuleuse qui leur étaient imposés.

La vie sociale, la vie des cités, la vie du monde n'est pas aussi défavorable, il s'en faut, à la race féminine qu'à la race masculine.

Les femmes vivant dans les villes y acquièrent une apparence plus délicate, l'étiolement leur donne cette sorte d'élégance et de grâce morbides, genre de beauté littéraire, très et trop à la mode vers 1830, époque du règne de la femme maigre, frêle, éthérée, immatérielle et un peu verte.

Les femmes vivant dans les villes y deviennent pour ainsi dire « plus femmes », au gré de certaines idées de gens qui « ne s'y connaissent pas ».

Les hommes, au contraire, y deviennent « moins hommes », les muscles s'atrophient, les bras sont débiles, les jambes sont grêles, rien ne grossit que le ventre. La décence, la pudeur qu'on leur imposait, étaient pour leur vanité une

circonstance des plus heureuses — en leur ordonnant de cacher leur laideur.

Ajoutons que pour cette même classe de gens,
beaucoup plus nombreuse qu'on ne croit, qui
n'entendent rien à la beauté des femmes, tout ce
qu'une femme montre, des choses qu'on est convenu de ne pas montrer — passe pour beauté,
appas, attraits et charme.

Et notez que les femmes ne sont pas toutes
très éloignées de cette opinion, et beaucoup
croient se préparer un triomphe et accorder une
faveur, en laissant voir n'importe quoi de leur
aimable personne, fût-ce très incorrect et très laid.

Quelqu'un de bête m'écrit..... mais non —
c'est peut-être quelqu'un de triste, prenons un
ton plus sérieux.

On m'écrit qu'un écrivain usurpant mon nom,
frappe à terre des femmes, des enfants et des
hommes vaincus et désarmés.

Tout porte à croire que cette façon de s'énon-
cer est un euphémisme, — et que c'est à moi
que s'adresse le reproche, — autrement on m'eût
envoyé les chapitres ou articles faussement si-
gnés de mon nom — et on m'eût demandé si je

m'en reconnaissais l'auteur, — à quoi j'eusse répondu — *oui* — ou *non*.

On ajoute quelques injures, — puis des menaces.

La missive n'est pas signée — ou du moins est
signée : « Le frère d'un transporté. »

S'il est quelqu'un à qui il soit absurde et injuste d'adresser un pareil reproche, c'est certainement moi. — Il n'y a pas huit jours que je me
déclarais partisan de l'amnistie pour les entraî-
nés repentants — et que je demandais pour eux
et pour leur famille, non plus la transportation,
mais la colonisation — qui leur permît de faire
peau neuve, de commencer une autre vie, en
rompant avec de mauvais antécédents et des en-
traînements dangereux — et des engagements
criminels.

Je suis donc loin de « frapper des femmes et
des enfants » puisque je cherche et je propose
un moyen de leur ramener un père, non plus pi-
lier de cabaret et de club — et en sa qualité de
travailleur, abandonnant le métier qui est le patrimoine et le pain de sa famille ; — un père toujours sur le point de se faire tuer et de retourner

en prison; — mais, au contraire, un père rendu à ses devoirs, à une vie laborieuse, à sa famille et à ses enfants; aimé, respecté par eux et par tout le monde.

Quant au mot « de vaincus » — je n'accorde pas cet adjectif honorable aux hommes de la Commune; — c'est en se battant contre les Prussiens qu'on avait la chance d'être vainqueur ou vaincu, — mais en se battant contre les lois de son pays, en fusillant les ôtages, en incendiant les monuments, on n'est pas vaincu, on est repris de justice et puni.

Relativement aux injures, elles sont bêtes, grossières, et je ne m'en sens nullement blessé; — des injures non signées ne peuvent s'élever à l'état d'insulte — pour moi qui, depuis que j'écris, n'ai pas tracé une ligne sans la signer, comme il est honnête et loyal de le faire, j'ai le droit de tenir en dédain complet des anonymes, pseudonymes, etc.

Je ferai remarquer en passant qu'on ne signe pas au journal de Mᵉ Gambetta.

Je ferai remarquer également qu'en république il faudrait obéir aux lois, les respecter et les faire respecter; — car il y a une loi non abrogée, qui déclare la signature obligatoire.

Il y a une loi antérieure dont je ne parle pas — qui prescrit d'assumer, en signant, la responsabilité de ses écrits; — c'est la loi de l'honneur, la loi de la dignité, la loi de la probité.

Passons donc sur les injures.

Quant aux menaces — je demeure à Saint-Raphaël (Var), *maison Close;* — en sortant de la gare, on gagne le bord de la mer, puis on suit la mer par un chemin bordé de myrtes, en laissant la mer à droite jusqu'à ce qu'on trouve une vieille maison assez pauvre et heureuse; — maison basse — à peu près couverte et cachée par les chèvrefeuilles, les passiflores et les jasmins : — devant la porte est un canot blanc — *la Girelle* — il n'y a pas moyen de se tromper.

On m'y trouve presque toujours;

Et, en me prévenant, on peut être sûr de me rencontrer.

C'est l'affaire d'un quart d'heure.

M. X*** est un bohême, importun, ennuyeux,

quémandeur opiniâtre ; — un de ceux qu'il appelle, ses amis et qu'il persécute de ses visites intéressées, a recommandé à plusieurs reprises à son secrétaire de ne plus le laisser parvenir jusqu'à lui.

L'autre jour il trompe toutes les consignes : X***, sa victime, ayant réussi à le congédier, le reconduit pour être sûr qu'il s'en va, et dit à son secrétaire : « Comment m'avez-vous exposé encore à une visite de cet homme ?

— Monsieur, je vous en ai sauvé dix fois — mais il ne se décourage pas — on le renvoie par la porte, il rentre par la fenêtre.

— Eh bien, puisque ça ne réussit pas, il faut vous y prendre autrement, et faire... le contraire ; — la première fois qu'il viendra, jetez-le par la fenêtre, nous verrons s'il rentre par la porte. »

Il est horriblement triste et désolant d'être auprès du petit lit d'un enfant malade, — d'avoir dans la main une potion qui doit le sauver, et de voir l'enfant, par ignorance, refuser de boire la potion, en serrant les dents convulsivement.

Il est effrayant de voir un homme en état de

somnambulisme, marcher dans la direction
d'une fenêtre qu'il prend pour une porte ; il est
irritant, après l'avoir secoué pour le réveiller,
de le voir, les yeux ouverts, vous soutenir que
cette fenêtre est en réalité une porte, que c'est
par là qu'il veut sortir et descendre, et que vous
lui ferez plaisir de le laisser tranquille, puis se
débarrasser de vous et se remettre en marche
vers cette fenêtre où vous savez qu'il ne va pas
descendre, mais se précipiter.

C'est ce chagrin, c'est cette irritation que j'é-
prouve lorsque vivant dans la retraite, étudiant,
méditant, cherchant sans cesse, — demandant
à la sagesse des anciens, assidûment feuilletés

> Nocturnâ versate manu, versate diurnâ

et à ma propre expérience, quelque remède pour
la maladie régnante, j'ai la conviction que j'ai
trouvé ce remède.

Lorsque ayant visité la maison par le dedans
et par le dehors, muni de cette lampe qui s'allume, hélas ! bien tard, la sagesse de l'expérience,
— je dis avec certitude : ça c'est une fenêtre par

laquelle vous tomberez broyé sur le pavé, — ici,
est un escalier, puis une porte par laquelle vous
sortirez sans danger de la vieille maison.

Et lorsque je le dis en vain.

Par exemple, tout le monde est d'accord que
la dissolution de l'Assemblée des représentants
est imminente, et qu'on ne tardera probablement
guères à faire de nouvelles élections. Personne
n'ignore les résultats jusqu'ici de ce mensonge
imbécile et mortel du suffrage dit universel.

Il a approuvé le crime du Deux Décembre, —
il a approuvé et appuyé toutes les folies de l'empire, jusqu'à la guerre déclarée à la Prusse, —
crime et folie à la fois. Plus tard, il a envoyé à
l'Assemblée, et, de là, dans les places, un tas d'a-
vocats sans études, sans talents, sans conviction,
sans patriotisme ; — plus tard, il a fait nommer
M. Barodet à Paris, — et M. Ranc à Lyon, — les
cinq cent mille habitants de Lyon ne connaissant pas plus M. Ranc que les deux millions
d'habitants de Paris ne connaissaient M. Barodet ; élections qui pouvaient avoir un bon côté,
c'est de mettre en pleine lumière le mensonge
du suffrage dit universel, par lequel les deux

millions d'habitants de Paris et les cinq cent
mille habitants de Lyon ne font qu'obéir à deux
ou trois douzaines d'intrigants, d'ambitieux, d'a-
vides, qui en réalité votent seuls et font voter les
autres à leur fantaisie; c'est-à-dire, que le suffrage censitaire si justement détruit était mille
fois plus près du véritable suffrage universel, que
ne l'est le mensonge qui usurpe son nom aujour-
d'hui, — c'est-à-dire, que jamais un pays n'a si
bêtement et si pompeusement fait l'abandon de
sa volonté et de sa dignité et le sacrifice de ses
plus chers intérêts.

Eh bien, c'est sous l'empire de ce mensonge
dangereux et peut-être mortel, de ce mode de
vocation auquel vous devez déjà tant de misères
et de hontes, que vous voyez tout le monde résolu
à affronter de nouvelles élections.

Ceux qui soupçonnent ces dangers, — se con-
tentent de se préparer à éluder, à influencer, à
chicaner, à tricher.

Mais, ô aveugles volontaires, ô sourds opiniâtres, — ouvrez donc enfin les yeux et les
oreilles, — regardez et écoutez.

Savez-vous ce que de nouvelles élections, — faites demain, — dans les conditions du suffrage prétendu universel, — vous donneront probablement? L'empire, — l'empire de Strasbourg et de Boulogne, — l'empire du Deux Décembre, —l'empire de la guerre du Mexique, — l'empire de la guerre de Prusse, — l'empire de Metz et de Sedan.

Ou la Commune, — une prétendue république dans laquelle, Pyat, Vermesh, Cluseret, Pascal Grousset, ne tarderont pas à être débordés et dépassés. — Une nouvelle terreur pendant laquelle ceux qui croient follement conduire et commander aujourd'hui, MM. Thiers, Perier, Dufaure, ne gagneront que de ne faire partie que de la seconde fournée d'otages, — MM. Naquet, Arago, Blanc, Hugo, Gambetta, étant réservés pour la troisième.

Et, dans l'une et l'autre des deux chances,

L'empire, si c'est lui qui l'emporte, ayant pour successeur la Commune.

La Commune amenant nécessairement une dictature militaire; car, dans l'un et l'autre cas, il ne s'agit pas de savoir si nous aurons l'un ou l'autre, mais de savoir lequel des deux passera le premier.

Deux points principaux, deux points nécessaires, indispensables d'une réforme électorale :

1° Le domicile réel des candidats, sinon dans
l'arrondissement, du moins dans le département
où ils se présentent ;

2° Le renouvellement de l'Assemblée par frac-
tions.

J'ai plus d'une fois développé les raisons irré-
futées, parce qu'elles sont irréfutables, de ces deux
conditions.

Pour la première, vous échappez à la direction
despotique de deux ou trois coteries qui exercent la plus odieuse, la plus absurde et la plus
dangereuse des tyrannies, — et vous arrivez
enfin à ce raisonnement simple et sans ré-
plique.

Pour un représentant, il faut deux choses :

1° Que les électeurs qui le choisissent le connaissent ;

2° Que le représentant connaisse le pays, les
gens et les intérêts qu'il doit représenter.

Par la seconde, vous évitez les courants, les
torrents, les incendies, les fièvres, — les accès de
folie.

Ajoutez un troisième point, — l'Assemblée permanente, — plus de vacances, plus de prorogations, — des congés individuels motivés.

Peut-être ces congés pourraient être plus nombreux et plus longs, si, par exemple, en même temps qu'un membre de la droite demande un congé, il s'arrange pour qu'un membre de la gauche et deux membres des centres en demandent un en même temps.

Il va sans dire qu'on surveillera l'insolente et déshonnête bêtise de voter pour les absents.

Encore une autre pierre fondamentale de l'édifice dont je me suis occupé souvent — surtout depuis trois ans, — c'est-à-dire depuis qu'il y a assez de ruines et de démolitions, pour qu'on puisse, sans scrupule, proposer d'édifier quelque chose.

L'impôt.

L'impôt — c'est-à-dire la contribution de tous les membres de la nation aux dépenses publiques, — malgré les critiques, les promesses, etc., a toujours été en augmentant dans une proportion presque fantastique.

Je me souviens encore du temps où, dans ma petite jeunesse, le mot de milliard était, pour les Français, — un mot vague, indéterminé, — comme le *sexcenta* des latins voulant dire... beaucoup, — un monceau, — un tas, — trop[1]. Quand on nous enseignait l'arithmétique dans les écoles, on nous faisait épeler une fois une longue rangée de chiffres dont le dernier, en comptant de droite à gauche, s'appelait *milliard*, et de préférence *un billion*. C'était tout ce qu'on nous en disait, et il n'en était plus question.

Au commencement de la Restauration, il y eut une terrible explosion, à cause du milliard de l'indemnité des émigrés — et le mot devint à la mode. Dans les assemblées, les orateurs de l'opposition, constatant l'accroissement des budgets, — disaient : — Nous arriverons à un budget d'*un milliard;* — ça passait pour une hyperbole, et les gens calmes, *sensés*, levaient les épaules.

Aujourd'hui nous voyons le budget pour 1874 être de deux milliards, cinq cent trente-trois

---

1. Apud nos sexcenta dicere pro infinito numero fere usitatum.   DONAT.

Sexcentas proinde scribito jam mihi dicas.
                                        TÉRENCE.

millions, deux cent soixante-deux mille cent
quatre-vingt dix-neuf francs (ou, d'après un autre
tableau : 2,532,689,922).

Dont il faut déduire — disons-le ici pour mémoire, — nous y reviendrons, — pour frais de
régie, de perception, et d'exploitation des impôts et revenus publics — non pas cent cinquante ou deux cents millions, comme je le disais
il y a quelque temps par peur d'exagérer, mais
deux cent quarante-six millions, trois cent
quatre-vingt-huit mille quatre cent quarante-
neuf francs.

C'est lourd, si on se rappelle surtout que sous
Louis XIV, le plus fastueux des monarques, le
plus cueilleur de lauriers et de myrtes, et cueil-
lant les lauriers et les myrtes avec toutes les
aises du luxe et une insigne prodigalité — les
revenus de l'État, qu'on appelait alors les revenus
du Roi, montaient à 117 millions de francs. Il est
vrai que l'on dépensait en moyenne trois cent
trente millions — et qu'il faut à peu près dou-
bler la somme si l'on a égard à la différence de
la valeur de l'argent.

Mais ce n'est pas la grosseur, ce n'est pas la pesanteur du budget qui sont le sujet de mon entretien d'aujourd'hui avec mes lecteurs.

Je ne suis pas d'ailleurs assez grand financier pour me risquer trop au large dans les chiffres, — je vais donc raisonner en chiffres ronds, en chiffres du moins très arrondis, pour conformer la besogne à mes aptitudes médiocres, et aussi parce que cela suffit pour démontrer... ce que je veux démontrer.

Je suppose donc un budget de trois milliards — trois milliards à demander à la France, c'est-à-dire, pour compter également en chiffres ronds, à trente millions de contribuables, ce serait cent francs, si je ne me trompe, que chaque individu aurait à donner.

Eh bien, — il n'y a pas besoin d'être un profond mathématicien pour décider qu'il n'est pas un Français qui ne donne plus de cent francs par an à l'État, si on compte que chaque bouchée qu'on mange paye un impôt, — chaque condiment qui assaisonne cette bouchée paye un impôt, de même, chaque gorgée qu'on boit, vin, liqueurs, café, thé, etc.

Chaque pièce de vêtement, plusieurs impôts,
— comme matière première, patente, l'étoffe, le
fil, les aiguilles, etc.

De même, la lumière, huile, bougies, allumettes.

De même, chaque lettre qu'on écrit, — le papier, la plume, etc.

On paye pour chaque pipe, cigare ou cigarette.

On paye chaque fois qu'on éternue, le tabac
en poudre imposé comme le tabac à fumer.

On paye quand on dort, — on paye quand on
meurt.

Je ne parle là que des impôts indirects, — il
y a encore les impôts directs.

Si bien que chaque personne ne fait pas un
mouvement, ne prend pas un plaisir, ne satisfait
pas un besoin, ne fait pas une action quelconque
pour lesquels il ne faille payer, — si bien que la
vie de l'homme, aujourd'hui, semble avoir pour
but de *faire* de l'argent pour l'État, comme un
cheval ou un mulet attelé à une noria, à un ma-
nège, — et tournant en rond, — monte sans
cesse de l'eau pour son maître.

Notez bien que je ne blâme pas, je constate;
— loin de moi la pensée ridicule et injuste de
m'élever contre la contribution légitime que tout
citoyen doit aux besoins communs; d'ailleurs,
personne ne pourrait séparément, pour une
somme décuple de celle qu'il donne pour sa part
à l'État, se procurer les avantages, les commo-
dités, la protection qu'il en reçoit; — je ne blâme
que la base et le mode de perception, et ce n'est
pas là d'ailleurs le sujet de mon calcul.

Je veux simplement établir qu'il n'est personne qui ne donne plus et beaucoup plus de
cent francs par an, en réunissant les contributions directes et les contributions indirectes :
additionnez les dépenses misérables et indispensables du plus pauvre, — et vous verrez si, —
tout compris, — le fisc, ne prélève pas sur lui,
sous diverses dénominations, plus de trente centimes par jour.

Or, si le plus pauvre paye sa part égale des
trois milliards, il faut reconnaître que celui qui
est un peu moins pauvre, que celui qui est aisé,
que celui qui est riche, que celui qui est très
riche, payent deux fois, dix fois, cent fois, mille
fois, — les cent francs qui, fournis par cha-

cun des trente millions de Français, forment la somme des trois milliards.

Que l'on ne me fasse pas ici de chicane de centimes, ce calcul n'a pas besoin d'être absolument rigoureux pour établir la vérité que je veux prouver.

C'est-à-dire que, si l'État reçoit trois milliards, les contribuables versent beaucoup davantage, peut-être le double, surtout si nous ajoutons à ces droits qui frappent tous sans exception, et beaucoup de choses plusieurs fois et sous des noms variés; — si nous ajoutons les abus du commerce qui, non content de bénéficier sur la chose vendue, bénéficie aussi sur l'impôt, — en vendant dix centimes, par exemple, la boîte d'allumettes, vendue autrefois cinq centimes, et frappée de deux centimes de droit par le fisc.

Beaucoup de marchands bénéficient encore par la fraude sur la quantité, sur la qualité, — et spéculent sur le crédit.

Il est donc parfaitement évident que les contribuables donnent beaucoup plus d'argent que l'État n'en reçoit.

Pourquoi?

Je vais vous le faire comprendre par une image bien simple.

Il y a quelques instants, j'arrosais un carré de mon jardin, — mon matelot allait puiser l'eau dans des arrosoirs à une grande mare, entourée d'un bois de lauriers-roses, et me les apportait; — le carré que j'avais à arroser était assez éloigné de cette mare, — je ne tardai pas à remarquer que les arrosoirs remplis à la mare, ne m'arrivaient qu'à moitié pleins, puis je vis que le chemin qu'ils avaient à parcourir se trouvait inutilement arrosé, — je regardai les arrosoirs, ils étaient *dessoudés* et percés, et laissaient échapper une partie de l'eau, — et j'en allai prendre d'autres.

C'est l'histoire des impôts :

Des impôts dont une partie reste en route dans le chemin qu'ils ont à faire depuis la bourse, rendue flasque, des contribuables, jusques aux coffres de l'État.

C'est, comme le dit Plaute, que « on porte la pluie dans un crible » *imbrem in cribrum.*

C'est déjà un assez grand trou à l'arrosoir et au crible que celui par lequel s'échappent

les deux cent quarante-six millions, trois cent
quatre-vingt-huit mille, quatre cent quarante-
neuf francs, que coûtent les frais de perception.

Et pourquoi la perception des impôts coûte-
t-elle deux cent quarante-six millions, trois cent
quatre-vingt-huit mille, quatre cent quarante-
neuf francs ?

Parce que, à cause de leur nombre et de leur
variété infinie, le ministère des finances y occupe
soixante-seize mille employés, — parce qu'il faut
que ces soixante-seize mille employés soient
logés, nourris, vêtus, etc., etc., payés, etc., —
parce que les droits exorbitants mis sur certains
objets excitent à la fraude devenue aussi très
productive, et qu'il faut une armée de douaniers
pour empêcher une petite partie de cette fraude.

Parce que l'argent qui passe par tant de mains
risque fort de subir la destinée d'une pièce de
vin qui traverse la France, remise successive-
ment aux soins de dix voituriers qui se la trans-
mettent de l'un à l'autre, chacun l'ayant plus ou
moins « *piquée* » pendant la part du chemin qu'il
avait à faire, — c'est-à-dire lui ayant emprunté
de quoi satisfaire sa soif sur des routes pou-
dreuses.

Supposez même que, sur soixante-seize mille employés, il ne s'en trouve pas un seul capable de rien détourner, repousse, si vous voulez, avec indignation toute idée de pillage, — vous ne pourrez du moins nier ce qu'on appelle le « coulage ».

Faites transporter, à travers une longue étendue de pays, par cent personnes échelonnées sur la route, dix kilogrammes de miel; que chacun arrivé au terme de son étape, de son relai, vide son pot dans le pot de son successeur qui doit continuer la route; — pour quelque peu que la route soit longue et qu'il ne soit resté aux parois de chaque pot que ce qu'il a été impossible d'en ôter, vous me direz ce qu'il vous arrivera au terme du voyage de vos dix kilogrammes de miel.

Longtemps avant moi on a proposé de remplacer ces impôts, ces droits si chèrement, si puérilement, si arbitrairement multipliés et variés — par un impôt unique sur le revenu.

On a répondu à cette proposition par des cris de terreur et d'angoisses.

1° Parce qu'on n'a pas compris : — On a l'habitude d'appeler en France *revenu* les rentes des capitalistes, le produit que tirent les gens nés ou devenus riches des terres, des maisons, des actions, etc.

Ceux-là ont cru que l'impôt ne frapperait qu'eux seuls — ce qui serait en effet une injustice, — une injustice presque aussi monstrueuse que celle en sens contraire qui, en réalité, aujourd'hui ne soumet à l'impôt ni la rente, ni les opérations de bourse.

2° Parce que le Français, qui crie volontiers à la réforme pour taquiner le pouvoir, a, au fond, très peur de tout progrès et de toute nouveauté.

Les uns, par une terreur vague et non raisonnée, les autres, parce que les abus que le progrès détruirait sont tous le patrimoine d'un assez grand nombre de gens.

On n'a pas assez expliqué au public que par *revenu* on doit entendre le produit des rentes, des propriétés, mais aussi de tout commerce, de tout travail, — que si le revenu de A se compose des rentes de ses terres, des dividendes de ses actions, etc., — le revenu de B se compose du prix de ses journées de travail en piochant, en labourant, en fendant du bois.

Ceux qui ont compris — et ceux qui n'ont pu feindre de ne pas comprendre, — ont objecté la difficulté de l'évaluation, le *choquant*, le *blessant* des investigations — la facilité de certaines dissimulations, etc., etc.

On leur a répondu qu'on se contenterait d'à peu près et de l'établissement de catégories, comme on fait pour les patentes par exemple.

Quant aux dissimulations, croyez-vous qu'il ne s'en fait pas sur le chiffre des ventes et des achats — sur la réalité des locations? comptez-vous pour rien la fraude surexcitée sur cette multitude d'objets imposés — et pensez-vous que les recherches sur le revenu seront jamais aussi choquantes que les perquisitions faites parfois par la douane jusques sous la chemise des femmes?

J'avais d'ailleurs trouvé, et j'en avais été très heureux, une formule qui faisait de la fixation et de la perception des impôts, la chose la plus simple du monde :

La chambre des députés, chaque année, déciderait que, vu les besoins de l'État, chaque habitant de la France contribuerait aux revenus publics pour une quantité de journées égales pour

tous, journées de revenu, de gain ou de travail.
Ainsi, supposons que l'on fixe pour une année,
ou pour une série d'années, la quote-part de
chacun à vingt-cinq journées — par exemple :

L'ouvrier qui gagne trois francs par jour
payera soixante-quinze francs.

Le négociant ou le marchand qui gagne vingt-
cinq mille francs par an — aura à payer vingt-
cinq fois soixante et quelques francs.

De même le rentier, le propriétaire — vingt-
cinq journées de son revenu.

Tout d'abord cet impôt unique, supprimant
une grande partie de l'armée de soixante-seize
mille hommes du ministère des finances, supprimant l'autre armée de la douane, ce n'est pas
beaucoup d'en conclure que sur les deux cent
quarante-six millions, trois cent quatre-vingt-
huit mille, quatre cent quarante-neuf francs, on
épargnerait au moins cent cinquante millions
pour commencer.

La fraude n'aurait plus aucune raison de
s'exercer.

Les nécessités de l'existence — « la vie » —
seraient à bas prix, — les charges de l'État se-

raient supportéés équitablement pour tous. Je
.dis *équitablement* et non *également*, car pour
que la répartition soit équitable, il faut qu'elle ne
soit pas égale, — tous ne peuvent pas donner la
même somme, mais tous peuvent donner le
même nombre de jours de leur revenu; rentes,
bénéfices ou travail.

C'est simple, c'est juste, ça ne se fait pas — ça
ne se fera peut-être jamais.

Parce que,

Je le répète : les abus sont le patrimoine d'un
trop grand nombre de gens qui les défendent
avec désespoir.

On continuera le système des impôts directs et
indirects.

Système aussi raisonnable que serait celui qui
consisterait à conduire l'eau d'une source à une
fontaine, non par un aqueduc direct, maçonné et
cimenté, mais par une quantité de petits ruisseaux, ruisselets, rigoles, serpentant et faisant
« méandres » à travers des plaines sablonneuses
et altérées.

Je voudrais bien savoir ce que signifie ce qu'on
appelle :

2.

Le droit

De telle ou telle famille, de telle ou telle per-. sonne de gouverner la France ? — La France est-elle un fief, une terre, une maison, un chapeau dont quelqu'un est le propriétaire, — pouvant *user* et *abuser*, — pouvant vendre, céder, morceler à sa fantaisie, — un roi n'est-il pas un mandataire, un fonctionnaire — accepté ou choisi par la nation, — payé par elle ?

Il paraît que ce n'est plus comme cela qu'on l'entend ; — on dit les d'Orléans renoncent à *leurs droits* et reconnaissent *les droits de Henri V*, mais Napoléon IV maintient *ses droits*. — Nous avons donc été des insurgés, des usurpateurs, des simoniaques (car il s'agit du droit divin), des filous, — tout le temps qu'ils ont dû s'absenter.

Ce qu'il y a de plus plaisant, c'est que les partisans de ces divers candidats finissent par dire comme cet avocat des *Plaideurs* :

On force le cellier qui nous sert de refuge.

Ou comme cet avocat contemporain qui, plaidant pour la femme dans un procès en séparation, s'écrie : « Aujourd'hui on nous accuse, —

mais hier, j'ai les lettres, on « baisait *notre* bec
rose ».

Ils arrivent à dire « nos droits », en voici un
exemple curieux que le hasard qui est gai — heureusement — s'est amusé à amener.

C'est dans un journal bonapartiste, *le Pays*,
du 13 septembre ; — il attaque avec une mauvaise
humeur qui n'exclut pas la verve, au contraire,
les prétentions des légitimistes : — « Ils ont, dit-
il, les mains pleines de leurs parchemins, de ce
qu'ils appellent *leurs droits.* »

Et il se moque avec raison de ces prétendus
droits, mais le hasard s'est, dis-je, amusé à faire
que, précisément sur la même ligne, que ces
mots imprimés en italique pour souligner le sar-
casme,

Leurs droits,

Dans la colonne à côté, mais précisément faisant suite, si on continue la ligne, on lit :

« Nos droits, » mots qui, cette fois, ne sont
pas soulignés ; — mots que l'auteur de l'article
avait écrit soixante lignes plus haut, — à un ou
deux feuillets de distance, mais que le hasard a
rapprochés ainsi :

« Il faut que ces royalistes aient perdu le sens commun pour s'imaginer que nous allons fouler aux pieds NOS DROITS. »
(*Première colonne au bas de la page.*)

« Ils ont les mains pleines de leurs parchemins de ce qu'ils appellent LEURS DROITS. »
(*Deuxième colonne également au bas de la page.*)

Peut-être est-ce rendre un service en ce moment à messeigneurs les archevêques et évêques de leur rappeler qu'en écrivant trop souvent dans les journaux, comme ils le font depuis quelque temps, ils compromettent singulièrement leurs chances de béatification et de canonisation. Il existe du pape Benoît XIV, sur les béatifications et canonisations, un ouvrage célèbre et curieux, où il est parfaitement expliqué que c'est un grand obstacle que d'avoir écrit, — pour un candidat à la sainteté :

« On examine jusqu'aux moindres opuscules, — on fait une censure exacte et rigoureuse; — dans le doute, le promoteur de la foi prend le parti le plus rigide : — un système suspect par sa nouveauté, — un écrit sur des questions frivoles, — un sentiment qui choque celui des saints pères et du commun des chrétiens, etc., — ce sont des taches ineffaçables pour lesquelles on impose un éternel silence à la cause (de béatification ou canonisation) proposée ».

Il a été fait quelque bruit du mandement de Mgr Guibert, archevêque de Paris.

Non, jamais monarque n'a été traité, fût-ce par un membre de la Commune, — comme le roi Victor-Emmanuel est traité par Mgr Guibert, — à tel point que, dans une séance de la commission de permanence, un député a interpellé le ministre des affaires étrangères à ce sujet. — M. de Broglie a répondu que les évêques sont libres dans leurs mandements. — M. de Broglie me paraît se tromper singulièrement dans son appréciation : — quand un évêque fait imprimer et publie des écrits, il doit être soumis au droit commun et aux lois qui régissent la presse. — Je ne pense pas qu'on permette à aucun écrivain, à aucun journaliste, de parler d'un roi allié de la France comme Mgr Guibert parle du roi d'Italie. — Mgr Guibert, qui n'est pas forcé d'écrire, et qui semble forcé de montrer de la modération et de la charité, n'a aucun titre pour faire, par la voie de la presse, ce qui serait interdit à un autre.

En outre, ce mandement contient une provocation à la haine et à la guerre, — à peine voilée par la phraséologie tortueuse et alambiquée et édulcorée des écrits de ce genre.

L'envahissement de Rome a été la violation la plus audacieuse des conditions de la vie du monde chrétien. C'est un attentat au premier chef contre la religion et contre la société.

Comment le temps, qui guérit tant de maux, pourrait-il adoucir une douleur chaque jour renouvelée, à mesure que se déroulent une à une, dans toutes les portions de l'univers chrétien, les fatales conséquences de l'attentat consommé au centre de la catholicité? Est-ce quand le gouvernement spirituel est à la merci de puissances ennemies, quand la parole du Souverain Pontife ne peut franchir les murs de sa prison sans rencontrer l'outrage et la contradiction.

Pour les fautes des individus, le châtiment providentiel peut être différé jusqu'à la vie future; mais les nations, dont l'existence est circonscrite dans les limites de ce monde, ne sauraient recueillir dans une prospérité durable le fruit des crimes dont l'histoire les accusera d'avoir été les auteurs ou les complices.

Nous ne pouvons croire que les puissances européennes s'aveuglent obstinément et restent toujours indifférentes devant une situation qui blesse profondément les sentiments et la conscience d'une portion si notable de leurs sujets. Un jour viendra où elles sentiront l'inévitable nécessité de réparer un désordre qu'elles avaient le devoir et la facilité de prévenir.

Comment admettre, en effet, que la *paix puisse être conservée* parmi les peuples avec un régime qui, remontant *violemment le cours des âges*, nous ramène au règne brutal de la force, *efface d'un trait de longs siècles de civilisation chrétienne*, refuse à l'Église sa place dans le concert des sociétés qu'elle a formées, et la met hors la loi au milieu d'un *monde qui vit de ses bienfaits?* Comment le calme des esprits et la stabilité des institutions pourraient-ils s'allier avec un état de choses qui constitue pour deux cents millions de *catholiques*, c'est-à-dire pour l'élite de l'*humanité civilisée*, un grief perpétuel qui a ses racines dans la conscience même?

Quand, entre ceux qui gardent le *Pape captif*, et ceux qui voudraient tenir captive la parole des évêques, l'alliance devient de plus en plus étroite, est-ce alors que les catholiques pourraient déposer leurs justes ressentiments contre l'invasion sacrilège de Rome?

Ceux qui auront sacrifié l'Église à leur ambition seront sacrifiés à leur tour.

Une terre qui dévorera ceux qui persisteront à l'occuper par la violence et l'injuste.

Le bras de Dieu, qui n'est pas raccourci, saura rassembler les pierres dispersées de l'édifice et le rétablir sur les débris de l'œuvre des hommes.

Alors son Pontife *et son Roi*, ayant recouvré sa liberté, *du haut du balcon* de Saint-Pierre, bénira encore *la ville et le monde*.

Rien au monde ne me choque autant que l'inégalité devant la loi et devant la justice, messieurs les évêques veulent se faire journalistes, malgré l'avertissement que leur a donné le pape Benoît XIV des obstacles que la plume met à leur salut.

Ils doivent subir toutes les chances attachées au métier qu'ils exercent volontairement. — Pourquoi le gouvernement, qui suspend les journaux, ne suspend-il pas les évêques journalistes, quand leurs écrits sont en danger pour la paix? pourquoi le gouvernement se contente-t-il de « re-

gretter » ces écrits? — Au moins, devrait-il
mentionner l'intensité et la durée de ces regrets,
— comme on dit pour les deuils de cour, — « le
gouvernement regrettera pendant huit jours, —
pendant quinze jours, le dernier mandement de
M. l'archevêque Guibert. »

Les bijoux des femmes : colliers, bracelets, ba-
gues, etc., ont tous la forme d'un anneau; et
sont, en réalité, les anneaux d'une chaîne dont
le bout est dans la main du diable.

Réunissez toutes les légendes, tous les mys-
tères, toutes les fables de toutes les religions;
ajoutez-y les contes de fées; — eh bien, il sera
beaucoup moins bête de croire à tout cela, que
de croire qu'il n'y a pas de Dieu.

Il se présente en ce moment une circonstance
qui doit chagriner M. Thiers, parce que l'accusation dont il est l'objet de la part d'un journal,
— aujourd'hui le plus lu de tous, — viendrait
gâter et tacher, pour ainsi dire, la plus belle page
de sa vie.

On sait que sa maison de la place Saint-Georges

a été pillée et démolie par les brigands de la
Commune et que l'Assemblée des représentants de
la France, par une décision très glorieuse pour
M. Thiers, a prononcé que cette maison serait
rebâtie aux frais de l'État. — La somme nécessaire pour cette reconstruction a été fixée par des
experts à un million cinquante-trois mille francs.

On ne connaît qu'un précédent dans l'histoire,
c'est lorsque, l'an de Rome 697, le Sénat romain
ordonna que les maisons de Cicéron, pillées et
démolies par des communards de ce temps-là,
sous la conduite de Clodius, seraient relevées et
reconstruites aux frais de la République.

M. Thiers a touché l'argent, — a attendu assez
longtemps avant de mettre les ouvriers à la besogne, — cette besogne est aujourd'hui terminée,
et bientôt M. Thiers va rentrer chez lui ; — non,
hélas ! pour s'y livrer à « ses chères études »,
mais pour y recevoir en conciliabule ceux qu'il a
combattus toute sa vie.

Dont il a fait fusiller les pères en 1832 et 1834.

Dont il a fait fusiller et déporter les frères en
1871.

Les amis de ceux qui ont démoli cette maison,

3

et dont quelques-uns ont mis la main à la besogne; — ceux qui ont refusé de répudier leur solidarité avec les assassins, les voleurs et les incendiaires de la Commune, — et dont aujourd'hui il est l'allié, — dont il se croit le chef, et qu'il compte jouer plus tard; tandis qu'eux ne voient en lui, comme ils l'ont avoué, qu'un « cheval de renfort » pour gravir jusqu'au sommet du Capitole, — où ils lui préparent le sort que les Sabins firent subir à Tarpéia qui les avait introduits dans la citadelle, et qu'ils écrasèrent sous le poids de leurs boucliers.

Or, le journal dont je parlais tout à l'heure a publié avec de minutieux détails et des chiffres auxquels on ne peut refuser au moins une grande vraisemblance, un article prétendant établir que M. Thiers, à la suite d'agiotages sur l'argent reçu, de trafics de terrains avec les entrepreneurs, de délais qui ont permis au million de produire des intérêts, pourrait, sa maison reconstruite, mettre dans sa poche le million qu'il se trouverait ainsi avoir gagné sur sa maison.

Un ami de M. Thiers a fait, dans un autre journal, une réponse qui a le malheur de ne réfuter que mollement l'attaque et d'avouer même une partie des faits avancés, — à savoir les trafics de terrains.

Nul doute que M. Thiers ne prenne la parole lui-même, et que, continuant l'orateur romain, il ne fasse une réponse triomphante, en pendant au célèbre discours « pour sa maison », *pro domo suâ*, que prononça Cicéron.

Il est permis de s'étonner d'une chose : M. Thiers, qui a dû concevoir un légitime orgueil de la décision de l'Assemblée nationale, qui le traitait comme le sénat de la république romaine avait traité Cicéron, n'a pas manqué de relire alors dans l'histoire les détails de ce précédent si glorieux pour lui, et, lorsque les députés français suivaient l'exemple des sénateurs romains, d'étudier et de suivre lui-même l'exemple de Cicéron.

L'oubli de ce soin est ce qui amène le chagrin qu'on lui fait aujourd'hui

Tout le monde semble d'accord sur un point, — c'est que la somme évaluée pour la maison de

M. Thiers dépassait la valeur de la construction détruite, — et permettait non pas de la rétablir identiquement telle qu'elle était, mais d'en construire une autre plus grande et plus belle, ce qui est beaucoup moins bien, — car, le mieux eût été de n'y ajouter qu'une plaque de marbre commémorative et du crime et de la réparation.

Voyons donc ce qui se passa au sujet, non pas de la maison, mais des trois maisons de Cicéron détruites par Clodius et les émeutiers.

La destruction des maisons de Cicéron avait été plus complète encore que la destruction de la maison de M. Thiers; ses ennemis « arrachèrent jusqu'aux arbres qu'ils plantèrent dans leurs propres jardins[1] ».

Il laissa le sénat et les experts déterminer sans son intervention, et c'est seulement à son ami le plus intime, Atticus, qu'il confia que les sommes allouées étaient mesquines et au-dessous de la valeur réelle des propriétés démolies, — *illiberaliter.* — Cette estimation fit murmurer

---

1. Ma maison du *Mont-Palatin* était transportée chez un des deux consuls; celle du *Tusculum* chez l'autre. Les colonnes de marbre étaient portées chez la belle-mère d'un consul, les arbres mêmes y étaient transplantés; *etiam arbores transferebantur.*   (*Lettre à Atticus.*)

non seulement les « honnêtes gens », mais
aussi le peuple. — D'où vient cela, dit Cicéron à
Atticus?— Cela vient d'une certaine pudeur de
ma part, —j'aurais pu, dit-on, refuser la somme
comme insuffisante, et demander résolument davantage.

« Les consuls ont traité avec les entrepreneurs, » *consules locarunt*, — et plus loin : « On
reconstruit d'après le marché passé par les consuls, » *consulum ex locatione reficiebantur.*

Et, à ce moment, Cicéron était fort ruiné et
fort dépourvu d'argent; — J'ai épuisé, dit-il, la
bourse de mes amis : *amicorum benignitas ex-
hausta est.*

Ce qui cause mon étonnement dont je parlais
tout à l'heure, c'est qu'un lettré comme M. Thiers
— après avoir naturellement relu avec un orgueil bien légitime, je le répète, les rapports, les
similitudes que les événements et la faveur de
ses concitoyens mettaient entre lui et une des
plus grandes figures de l'antiquité, n'ait pas
cherché et trouvé dans cette lecture les moyens
d'augmenter encore la ressemblance des situa-
tions; — n'ait pas demandé que les « consuls »

les députés fissent eux-mêmes les conventions et les marchés avec les entrepreneurs, se tenant entièrement à l'écart de la question d'argent.

Il aurait évité le reproche que tenteront de lui faire ses ennemis, d'avoir tiré un bénéfice matériel d'une situation à laquelle c'était seulement de la gloire qu'il y avait à demander, — reproche auquel il va sans doute répondre victorieusement, ne pouvant souffrir que l'histoire, au lieu d'une similitude, ait à enregistrer une parodie.

On n'oserait vraiment compter ceux pour lesquels nos désastres ont été un bonheur et qui ne voudraient pour rien au monde que « ça ne fût pas arrivé ». — Prenez vous-même, lecteur, le soin d'interroger un à un les hommes aujourd'hui en vue, — moi je n'en ai pas le courage.

M. Thiers n'est jamais descendu du pouvoir, il en a toujours été précipité, — et jamais il n'y est resté longtemps, parce qu'il n'a ni principes, ni convictions. Le pouvoir n'est pas pour lui un moyen d'appliquer telles ou telles idées ; — loin de là, le pouvoir est le but, et, au besoin, il sa-

crifiera ses idées pour y grimper ou s'y maintenir.

Jamais on ne l'a vu, lorsqu'il n'est pas ministre,
mettre honnêtement et loyalement ses talents et
ses aptitudes, qui sont une puissance, au service
du gouvernement et du pays ; — il a lui-même
appelé la situation en ce cas : « Être sur le pavé. »
Il n'a plus de devoirs, il n'a plus de rôle ; si ce
n'est d'escalader de nouveau le pouvoir par tous
les moyens. — Quand il est au pouvoir, dans certaines circonstances, il y rend des services, lorsque ces services peuvent consolider sa situation,
mais souvent les périls contre lequels il nous dé-
fend, c'est lui qui les a créés.

A force de pousser le gouvernement de Juillet
sur des pentes et au bord du précipice, — jeu
qu'il jouait sinon de concert, du moins simulta-
nément avec M. Guizot, — il est venu un jour
où il n'a pu l'empêcher d'y tomber.

Sans ses intrigues, en 1848, une république
modérée, sous la présidence de Cavaignac, qui
avait fait ses preuves et donné de terribles gages,
aurait alors été instituée, et nous aurions évité
l'Empire et la Commune. Son but aujourd'hui est
de rendre la fausse république de MM. Pyat, Na-

quet, Grousset, Gambetta, Ferrand, Gaillard
père, etc., tellement imminente, qu'on ait recours à lui pour la couper en deux, c'est-à-dire
pour former d'une partie du centre droit, du
centre gauche et des moins compromis de la
gauche, un parti, une majorité, qui puisse lutter
contre l'extrême gauche ; — il n'est nullement
certain, le cas échéant, qu'il y réussisse, parce
que le parti de MM. Cluseret, Lacour, Gambetta,
Pyat se sert de lui, comme il se sert d'eux.

M. Pelletan l'a dit : il n'est pour eux qu'un
cheval de renfort.

La politique, le jeu de M. Thiers, c'est le jeu
de ce chirurgien qui poignardait le soir dans son
quartier des passants, qu'on lui apportait ensuite
naturellement à panser chez lui où il s'était hâté
de rentrer.

C'est ce que faisaient certains « sauveteurs »
qui jetaient des gens à l'eau, puis les en tiraient
et réclamaient la récompense.

M. Thiers désigne aux gamins les maisons
dont il faut casser les vitres, il leur indique les
tas où on peut prendre des pierres, puis ensuite,
il passe devant ces mêmes maisons en criant :

« *V'là* l'vitrrier. »

Mais c'est odieux, disait-on à un homme, — vous avez des querelles avec vos amis, — des procès avec vos parents ! — Et avec qui voulez-vous que j'aie des querelles et des procès, répondit-il ; — les autres..., je ne les connais pas, ou je n'ai pas d'intérêts à démêler avec eux.

Voici le prince Napoléon Jérôme, — qui est venu apporter au parti bonapartiste une nouvelle cause de division. — Ce parti, de l'aveu d'un de ses membres les plus ardents, compte aujourd'hui trois sous-partis, — les rouhéristes, les jérômistes et les « épileptiques ».

Il paraît que la guerre que le fils de Jérôme veut faire à son petit-cousin, ne sera pas difficile, ni bégueule sur le choix des armes et des moyens, — plusieurs journaux ont publié à ce sujet une pièce assez curieuse.

Un des procédés de propagande adoptés concurremment par les légitimistes et les bonapartistes, — a été l'émission de nombreuses photographies ; — c'est sur les beautés de leurs candidats, sur le charme de leurs visages qu'ils semblent compter pour leur concilier les cœurs,

Yeux, col, sein, port, teint, taille, en eux tout est charmant,

— cela se comprendrait mieux si le suffrage, dit universel, n'excluait pas la moitié de la nation, c'est-à-dire les femmes, du droit de voter, — et, à vrai dire, je n'ai jamais pu trouver de raison suffisante de cette exclusion.

Le comte de Chambord, Henri V, disent les légitimistes, a un front, a des yeux, a une physionomie, a surtout une voix, — ah! quelle voix!

Le prince impérial, disent les bonapartistes, a la beauté de sa mère, et comme elle « le cou un peu long, portant gracieusement la tête en avant »; — malgré sa jeunesse, on voit déjà qu'il aura la poitrine large, etc.,

Ah! il s'agit de portraits, — s'est dit le fils de Jérôme, — eh bien, je suis moi-même un portrait, — je suis le portrait vivant de l'empereur Napoléon Ier; les autres, ni le père, ni le fils, ne lui ressemblent en rien, et il y a pour cela une raison bien naturelle, c'est qu'ils ne sont pas de la famille.

Et là-dessus on montre en petit comité et l'on menace de publier — le *fac simile* d'un testament de Napoléon Ier qui contiendrait ceci :

« Napoléon Ier prévoyait l'extinction de sa descendance directe. Dans le cas du décès du roi de Rome, il recommandait à ses héritiers « d'écarter du trône la branche du roi Louis de Hollande », sous ce prétexte que le roi Louis avait été l'un des premiers à l'abandonner dans la mauvaise fortune, et peut-être aussi parce que la légèreté bien connue de la reine Hortense n'était guère de nature à garantir l'intégrité de sa race. »

C'est vif.

Ceux qui vivaient et étaient un peu « répandus » vers 1836, — à l'époque de la première tentative de Louis Bonaparte, — et qui avaient vu la révolution de Juillet se faire au cri bizarrement incohérent de « vive Napoléon et la liberté », s'étonnaient qu'une revendication de la succession du trône impérial, revendication qui ne pouvait s'appuyer que sur la « légende napoléonienne » vulgarisée, embellie, ornée, enjolivée par presque tous les écrivains du temps, comme arme de guerre contre « la Restauration », Victor Hugo,

Bérenger, M. Thiers, etc., et des journalistes comme Armand Carrel, et à peu près tous libéraux — fût faite par un neveu de l'empereur, — et par ce neveu-là, lorsqu'il y avait à Paris deux fils de Napoléon parfaitement connus, — l'un, dans le monde, et y jouissant d'une légitime considération, le comte Walewski, — et l'autre un peu en dehors du monde, un certain comte Léon, qui, dans un procès intenté à sa mère, femme d'un diplomate allemand, et gagné contre elle, avait fait judiciairement constater son impériale extraction pour revendiquer une somme d'argent que lui avait laissée son père. — Celui-ci présentait une particularité singulière,—c'était une ressemblance des plus frappantes avec Napoléon Ier.

Il était lié avec Nestor Roqueplan, alors rédacteur en chef du *Figaro*. — Je me souviens qu'un matin, arrivant à la cité Bergère, je le trouvai faisant des armes avec Nestor, — je pris le fleuret à mon tour, nous déjeunâmes ensuite, et passâmes plusieurs heures ensemble. — Nestor s'apercevait de l'attention que je portais au visage du jeune homme, et me dit : « Je vois ton étonnement.

« Je vais d'abord l'accroître, et je te l'expliquerai ensuite. »

En effet, nous vîmes bientôt entrer Étienne, un coiffeur de la rue Vivienne, auquel le *Figaro* d'alors avait fait une célébrité.

« Vous allez, lui dit Nestor, couper les cheveux à monsieur, en vous conformant au modèle que voici : »

Et il jeta sur sa toilette une pièce de cinq francs à l'effigie de Napoléon Ier.

L'artiste se mit à la besogne, avec toute l'application possible, — et, l'opération terminée, la ressemblance était si frappante, qu'Étienne, enthousiasmé, s'écria : « vive l'empereur ! »

Le comte Léon a depuis borné son ambition à devenir, après des luttes longues et opiniâtres, colonel ou lieutenant-colonel de la garde nationale de Saint-Denis.

Faute des fils de Napoléon, — tous deux alors bien connus à Paris, — il semblait que si la légende devait adopter un des neveux de « l'empereur », c'était celui qui, sans avoir avec lui une ressemblance aussi frappante que celle du comte Léon, possédait cependant cette ressemblance à

un degré très remarqué ? C'était Napoléon, fils
de Jérôme, — il est vrai que le prince avait pris
de l'embonpoint encore très jeune, — et la première fois que je le vis, c'était à Saint-Germain, à
Monte-Cristo, — chez Alexandre Dumas ; —
Dumas, en me reconduisant, me dit : « Hein !
quelle ressemblance ! »

— Oui, lui répondis-je, il ressemble à Napoléon, mais à Napoléon au retour de l'île d'Elbe.

En effet, Napoléon à l'époque qui précéda les
« Cent jours », — avait singulièrement engraissé,
ses traits s'étaient « empâtés » et étaient devenus
assez différents des traits de l'empereur... de
1804 à 1812, et tout à fait différents de ceux de
Bonaparte premier consul.

Ce n'est pas la première fois qu'il court ou
que l'on fait courir des bruits peu favorables à
la légitimité de la naissance de Louis-Napoléon,
légalement fils de Louis, roi de Hollande et
d'Hortense Beauharnais.

Il faut dire que des bruits de ce genre, — des
bruits au moins de supposition d'enfant, n'ont
jamais manqué à aucune naissance d'héritier
d'un trône, — né... à propos.

On ne les a pas ménagés à l'occasion du duc
de Reichstadt, fils de Napoléon Ier et de Marie-
Louise.

On ne s'en est pas privé à propos de la naissance posthume du fils de Caroline de Naples et
du duc de Berry, assassiné à l'Opéra par Louvel;
— le duc de Bordeaux, depuis comte de Chambord, — on comprend quel appui est venu plus
tard donner à la malveillance, et très probablement à la calomnie — l'aventure de sa mère en
Vendée et au château de Blaye.

Ces rumeurs, naturellement inventées ou fo-
mentées par les ennemis politiques, sont tellement connues, tellement prévues même, qu'il
en est sorti l'usage peu décent de faire accoucher
les reines presque en public.

On ne doit donc pas attacher plus d'importance qu'il ne convient à ces « potins politiques ».
Je n'aurais pas le premier « levé ce lièvre » dont
je connaissais cependant « le gîte » et je n'en
parle qu'après dix journaux; mais il peut être
d'un certain intérêt de voir ce qui a pu donner
lieu aux bruits qui ont couru ou que l'on a fait
courir sur la naissance de Napoléon III, — bruits
auxquels Jérôme, le frère de Napoléon et son

fils, ne se privaient pas de faire des allusions très
détaillées, lorsqu'ils étaient mécontents du neveu
et du cousin auquel cependant ils devaient leur
fortune.

Je vais à ce sujet feuilleter des mémoires qui
ont été publiés peu de temps après les événements « sur la cour de Louis Napoléon, roi de
Hollande ».

Outre l'origine des bruits que l'on prête au
prince Jérôme l'intention d'exploiter, j'y « cueil-
lerai » quelques détails curieux sur les relations
de Napoléon Ier avec ses frères.

L'auteur de ces mémoires, publiés par Lad-
vocat, dit de lui-même : « L'auteur, par ses fonctions et ses relations sociales, placé sur le théâtre
des événements, a vu se dérouler sous ses yeux
les scènes qu'il raconte, — il a assisté à la représentation, — il a connu et fréquenté les acteurs
qui y figuraient ».

C'est en 1802 que Napoléon maria son frère
Louis à Hortense-Fanny de Beauharnais, fille de
Joséphine, — et « il n'avait, disent les contemporains, consulté ni le cœur, ni le goût de l'un ni
de l'autre des deux époux. » — Des bruits même,

probablement des calomnies, — avaient couru sur
l'affection que Napoléon portait à sa belle-fille ;
— ce mariage peut être cité entre ceux qui n'ont
pas eu même leur « lune de miel ».

En 1806, — une députation de la république Batave, — composée du « vice-amiral *Verhuell* [1], etc., » vint offrir la couronne de Hollande au prince Louis, — qui ne s'appelait plus
déjà Louis Bonaparte, mais Louis Napoléon, le
nom de baptême du brillant général, du premier
consul, de l'empereur, étant devenu le nom de
famille de tous les Bonaparte. — Cette ambas-
sade était plus que probablement l'exécution
d'une convention faite déjà par la diplomatie.

Louis partit avec sa femme pour la Hollande.

Les couronnes royales n'ont pas le privilège
que les anciens attribuaient aux couronnes de

---

1. Le vice-amiral Verhuell avait été au service de France.
— C'était un homme distingué, il passa de lieutenant de vaisseau vice-amiral, il fut d'abord ministre de la marine du roi
Louis, maréchal du royaume, comte de Sevenaar, Grand-Croix
de l'ordre de l'Union, etc., puis, ambassadeur à la cour de
France. A cette faveur succéda une disgrâce complète, il prit
alors du service en France, où il fut *très bien* traité et retrouva
la faveur qu'il avait perdue en Hollande.

lierre, elles ne préservent pas de l'ivresse, — au contraire.

Louis prit sa royauté au sérieux, — il ne comprit pas que les « couronnes » données par Napoléon à ses frères, — étaient des euphémismes brillants, et que ces rois nommés par lui n'étaient ni plus ni moins que des préfets recevant les ordres des Tuileries. — Le rôle assigné particulièrement à Louis avait un côté assez odieux; l'intention arrêtée déjà de Napoléon était d'incorporer, d'annexer la Hollande à la France, et le « roi » Louis devait opérer la transition.

Appelé à Paris, il s'avisa de dire à son frère : « *La Hollande est lasse d'être le jouet de la France* » et, de retour dans « ses États », les trouvant déjà envahis par une armée française, commandée par le duc de Reggio, — il rassembla au pavillon royal de Harlem *ses* ministres et *ses* généraux; — il croyait avoir des généraux et des ministres, — et proposa une défense désespérée en commençant par percer les digues et inonder Amsterdam plutôt que de la livrer aux Français, etc. — Cet avis fut repoussé par le conseil. — Le duc de Reggio entra dans la capitale avec l'armée française, et Louis s'en alla à Tœplitz; —

son frère, par un décret du 10 juillet 1810, *réunit* la Hollande à la France, et Amsterdam reçut le titre de « troisième bonne ville de l'empire français » ; Paris et Lyon étant les deux premières.

Revenons sur nos pas pour voir ce qui a pu donner lieu au bruit que, dit-on, et il faut n'accepter cet *on dit* qu'avec réserve, le fils de Jérôme a l'intention d'exploiter.

Dès avant la nomination de Louis au trône de Hollande, en 1806, Hortense et lui vivaient séparés et en très mauvaise intelligence ; — cependant elle consentit à venir en Hollande être reine, et elle arriva avec lui dans ses États le 18 juin 1806.

Mais elle ne tarda pas à s'y ennuyer.

Voici comment s'explique à ce sujet l'auteur des mémoires que j'ai sous les yeux : « La reine exerçait un grand charme autour d'elle, mais il existait entre elle et le roi une désunion fâcheuse, et dont l'évidence affligeait leur cour, — ceux qui étaient dans le secret des antécédents, assuraient que cet éloignement de Louis pour sa femme existait même avant l'époque de leur mariage décidé entre Napoléon et Joséphine, sans que Louis ni Hortense eussent été consultés ».

A la suite d'un voyage qu'ils firent ensemble à certaines eaux des Pyrénées au mois d'avril 1807, et comme ils passaient par Paris pour retourner en Hollande, la reine resta à Paris. — Donnons encore la parole à l'auteur des mémoires : « Louis fit venir une troupe de comédiens français et donna des bals, mais l'absence de la reine frappait ces assemblées, consacrées au plaisir, d'une langueur, d'une monotonie très apparentes; on se rappelait combien à La Haye sa spirituelle vivacité savait animer les cercles où elle brillait avec tant de charme ».

Et, un peu plus loin :

« Louis, en allant souvent au spectacle, s'était, dit-on, doucement habitué à encourager le talent très distingué d'une jeune émule de la célèbre Mars. »

Or, la reine ne revint en Hollande qu'en 1809, elle s'y ennuya encore; « la désunion évidente du roi et de la reine attristait leur cour; elle alla passer quelques jours au château de *Loo*, et de là, sans que son époux connût ses intentions, elle s'échappa de la Hollande, où le roi, *malgré son éloignement pour elle, voulait la retenir.* »

Quelque temps auparavant Louis avait fait un voyage à Paris; mais, dit l'auteur des mémoires, « il descendit chez *madame mère;* il aurait pu occuper son hôtel, mais la reine l'habitait, et c'était pour le roi une puissante raison de s'en éloigner ».

Dans un autre passage il parle de « la santé chancelante du roi de Hollande ».

« Depuis longtemps des douleurs rhumatismales lui avaient paralysé la main droite, et il boitait des suites d'une chute de cheval »; et ailleurs : « Le roi était habituellement d'une mauvaise santé, et cette disposition, qui augmentait sans cesse, donnait à son caractère quelque chose de triste et de morose, il éprouvait un malaise presque continuel, etc. »

Louis-Napoléon, Napoléon III, est né à Paris, aux Tuileries, le 20 avril 1808; — or, on rappelait que la reine avait quitté son mari en 1807, après un voyage aux Pyrénées, entrepris au mois de mai 1807, — voyage après lequel les époux ne se revirent qu'en 1809; — la malveillance prétendait qu'ils étaient très probablement séparés au mois d'août 1807, époque de la conception probable de Louis-Napoléon, — parce que, disaient les ennemis, le roi ne pouvait rester plus longtemps hors de ses États, et qu'on ne peut admettre que cette absence de la Hollande se fût prolongée plus de trois mois, — mais ce que la malveillance prétendait, elle ne le prouvait pas; cette absence peut avoir été assez longue, car elle le fut trop pour son peuple, — « ce fut pendant cette absence qu'eut lieu le traité de Tilsitt, où il s'agissait de puissants intérêts pour la Hollande ».

Donc la malveillance a beau rapprocher et la mauvaise santé du roi, et son éloignement pour la reine, et leur séparation en 1807, et d'autres circonstances dont il ne me convient pas de parler, — elle ne peut en tirer que des probabilités, — mais point de certitude; — si l'on se rappelle surtout, en l'appliquant aux tendresses conjugales, ce que les musulmans disent à propos de l'adultère. « On peut supposer une femme coupable dès l'instant qu'elle est restée enfermée seule avec un homme le temps de faire cuire un œuf à la coque. »

La séparation du roi et de la reine de Hol-

lande, en 1807, a pu donner lieu à des commentaires, mais ne fournit nullement les conditions
d'une preuve, — ce qui s'est passé en Hollande
pendant le séjour de Louis et d'Hortense aux Pyrénées, portant au contraire à croire qu'il a pu se
prolonger jusqu'au mois d'août, malgré les puis-
santes raisons qui, d'autre part, devaient le rendre plus court.

Mais ce qui est tout à fait prouvé, c'est l'irrita-
tation qu'avait conservée Napoléon contre son
frère Louis, et qui ne le montre pas disposé à
appeler sa descendance à sa succession.

Il suffit de lire quelques passages de ses lettres
à ce frère presque rebelle.

Avant de citer ces passages, j'en extrairai trois
phrases intéressantes :

« Il faut qu'une chose soit faite pour qu'on
avoue d'y avoir pensé. » (27 mars 1808.)

« Je ne me sépare pas de mes prédécesseurs
depuis Clovis jusqu'au concile du salut public, je
me tiens solidaire de tout. » (20 décembre 1808.)

« Comment la connaissance de mon caractère, qui est de marcher droit à mon but sans
qu'aucune considération puisse m'arrêter,

ne vous a-t-elle pas éclairé? » (20 mai 1810.)

17 août 1808. — « Il est inutile de me faire des étalages de principes. »

20 décembre 1808. — « Monsieur mon frère, je réponds à la lettre de Votre Majesté :

» Votre Majesté en montant sur le trône de Hollande a oublié qu'elle était française.

» Votre majesté a imploré ma générosité, fait appel à mes sentiments de frère, et a promis de changer de conduite. —... Votre Majesté est revenue à son système, il est vrai qu'alors j'étais à Vienne, et j'avais une pesante guerre sur les bras. »

« Vos maréchaux sont une caricature. »

20 mai 1810. — « Vous brisez vous-même votre sceptre.

» En vous mettant sur le trône de Hollande, j'avais cru y placer un citoyen français ; vous avez suivi une route diamétralement opposée, je me suis vu forcé de vous interdire la France, et de m'emparer d'une partie de votre pays.

» Vous vous montrez mauvais Français.

» Le sort en est jeté, vous êtes incorrigible.

» Vous ne voulez pas régner longtemps.

» Soyez bon Français de cœur, ou votre peuple vous chassera, et vous sortirez de la Hollande l'objet de la risée des Hollandais; — c'est avec de la raison et de la politique que l'on gouverne les États, et non avec une lymphe âcre et viciée. »

23 mai 1810. — « Par vos folies vous ruinez la Hollande, je ne veux pas que vous envoyiez de ministre en Autriche.

» Ne m'écrivez plus de vos phrases ordinaires, voilà trois ans que vous me les répétez, et chaque instant en prouve la fausseté.

» C'est la dernière lettre de ma vie que je vous écris. »

Ce ne sont pas certes là des dispositions fra-ternelles, ni amicales, — et elles ne durent pas s'améliorer lorsque Louis, s'évadant du trône, se réfugia en Bohême, refusa d'obéir à l'ordre qui lui fut transmis le 12 octobre 1810.

« L'empereur entend que le prince Louis soit rentré en France le 1er décembre prochain, sous peine d'être considéré comme désobéissant au chef de sa famille et traité comme tel », etc.

4

Ni lorsqu'il publia une protestation contre
« l'usurpation » de son frère à l'égard de la Hollande, etc.

« En mon nom, au nom de la nation hollan-
daise, je déclare la prétendue réunion de la Hollande à la France, mentionnée dans le décret de
l'empereur mon frère, en date du 9 juillet passé,
comme nulle et de nul effet, illégale, injuste, arbitraire aux yeux de Dieu et des hommes, dont
elle blesse tous les droits ; se réservant, la nation
et le roi, de faire valoir leurs justes droits quand
les circonstances le permettront.

« Donné à Tœplitz, en Bohême. Le présent acte
écrit et signé de ma main, et scellé du sceau de
l'État, ce 1ᵉʳ août 1810.

　　　　« Signé : LOUIS-NAPOLÉON. »

Voici, du reste, ce que Napoléon disait de son
frère Louis, à Sainte-Hélène :

« Louis a de l'esprit, n'est point méchant ;
mais avec ces qualités, un homme peut faire bien
des sottises, et causer bien du mal.

» L'esprit de Louis est naturellement porté à
la bizarrerie.

» Courant après une réputation de sensibilité

et de bienfaisance, incapable par lui-même de grandes vues, susceptible tout au plus de détails locaux, Louis ne s'est montré qu'un *roi-préfet*. »

Il faut voir comme son frère le traitait quand il essayait d'être autre chose. Les quelques phrases citées ci-dessus n'en peuvent donner qu'une faible idée.

« Louis n'avait pu être bien avec sa femme que très peu de mois. Beaucoup d'exigence de sa part, beaucoup de légèreté de la part d'Hortense : voilà les torts réciproques.

» Toutefois, ils s'aimaient en s'épousant, ils s'étaient voulus l'un et l'autre. »

Là Napoléon dément un des bruits signalés plus haut.

« Ce mariage, au reste, était le résultat des intrigues de Joséphine qui y trouvait son compte. »

« A mon retour de l'île d'Elbe, Louis m'écrivit une longue lettre pour revenir auprès de moi. Croirait-on qu'une de ses conditions était qu'il aurait la liberté de divorcer avec Hortense ? Je maltraitai fort le négociateur, pour avoir osé se charger d'une telle absurdité.

» Peut-être trouverait-on une atténuation aux travers d'esprit de Louis, dans le cruel état de sa santé, l'âge où elle s'est dérangée, les circonstances atroces qui l'ont causée, et qui doivent avoir singulièrement influé sur son moral. »

Il faudrait certes que les sentiments et les opinions de Napoléon se fussent singulièrement modifiés dans le peu de temps qui s'écoula jusqu'à la mort, pour qu'il pût faire entrer dans ses prévisions et ses désirs d'avoir pour successeur un fils de Louis et d'Hortense.

Mais, si en groupant les circonstances que je viens de rapporter, il était facile à la malvèillance d'en tirer les conséquences dont il est question dans le prétendu testament dont on parle, — néanmoins, faute de preuves évidentes, il faut toujours en revenir à la loi, — *is pater est quem nuptiœ demonstrant* et à « l'œuf à la coque. »

Je ne veux pas croire à ce projet que l'on prête au prince fils de Jérôme, — et eût-il pensé un moment à « tirer ce pétard », le bon sens, on dit qu'il en a, le ferait hésiter en pensant qu'on lui objecterait, qu'il n'a jamais, du moins publiquement, émis de doutes sur la légitimité de son cousin, tant que ce cousin a été empereur des Français, et lui a donné des titres, des grades et, dit-on, beaucoup d'argent.

Du reste, abandonnant le point qui conteste la paternité de Louis, si on veut appuyer le bruit en question sur les dispositions de Napoléon à l'égard de Louis et d'Hortense, on pourrait répondre par le portrait que fit à Sainte-Hélène le même Napoléon de son plus jeune frère Jérôme, le père du prince Napoléon :

« Jérôme était un prodigue dont les débordements avaient été criants; il les avait poussés jusqu'au hideux du libertinage. Son excuse, peut-être, pouvait se trouver dans son âge et dans ce dont il s'était entouré. »

Cependant, il faut tout dire, — les dernières impressions de Napoléon étaient plus favorables, — et surtout il prenait beaucoup plus au sérieux la mère du prince Napoléon que sa belle-fille la reine Hortense.

« Au retour de l'île d'Elbe, Jérôme semblait avoir beaucoup gagné, et donner de grandes espérances. »

4.

« Jérôme, en mûrissant, eût été propre à gouverner ; je découvrais en lui de véritables espérances. »

« Il existait un beau témoignage en sa faveur :
c'est l'amour qu'il avait inspiré à sa femme. La
conduite de celle-ci, lorsque, après ma chute, son
père, ce terrible roi de Wurtemberg si despotique, si dur, a voulu la faire divorcer, est admi-
rable.

« Cette princesse s'est inscrite dès lors, de ses
propres mains, dans l'histoire. »

Combien de fois on a dit de moi : — Comme
il a eu raison à telle époque ! — sans presque jamais dire : — Comme il a raison aujourd'hui !

On regrettera de ne pas l'avoir écouté plus at-
tentivement et de l'avoir laissé parler dans une
sorte de désert relatif, — *vox clamantis in deserto.*
Et on lui rendra alors quelque justice.

Certes, il m'eût été agréable qu'on n'attendît
pas ma mort pour me la rendre cette justice, —
et qu'on m'en escomptât une partie de mon vivant, — mais tel est le sort ; on attend pour donner quelques louanges à un homme que ça ne

puisse plus lui faire de plaisir, et que ça ne serve qu'à rabaisser ceux qui lui survivent.

Lorsque je me vois seul, — marcher en sens inverse de l'opinion publique du moment, comme un homme qui remonte le courant d'une foule et dévoue ses côtes aux coudes d'autrui, il m'arrive parfois de douter de moi et de me demander si ce n'est pas moi qui me trompe.

Mais lorsque l'événement vient me donner raison,

Lorsque la bourgeoisie censitaire de 1830 a renversé, sans le faire exprès, le trône de Louis-Philippe, — ou plutôt son propre trône, — comme je l'en avais menacée tant de fois,

Lorsque les ultras et les pseudo-républicains ont fait l'Empire — comme je l'avais prévu,

Lorsque l'Empire est tombé par les causes que j'avais vues et annoncées,

Lorsque la troisième république a été à peu près tuée par ses prétendus enfants, — et précisément comme je le crie depuis deux ans, — je ne puis m'empêcher de dire moi-même :

J'avais raison, je ne m'étais pas trompé, j'avais bien vu.

Je crois bien qu'aujourd'hui encore je vois clair, je vois bien, je vois juste.

Et ce que je vois aussi, c'est qu'on attendra l'événement, et l'événement sera une catastrophe, pour dire encore : — Comme il avait raison hier, — il y a un an, — il y a..... n'essayons pas de voir au delà d'un an.

Il est un mot, — un nom qui a deux sens en français, — c'est le nom de *Cassandre*. — Cassandre était la fille de Priam, qui avait reçu le don de prophétie, mais qui, ayant refusé de payer ce don au gré du galant Apollon, fut condamnée à n'être jamais crue.

Cassandre, c'est aussi le nom, dans l'ancienne comédie, des pères ganaches, dupés, bafoués, — qui n'écoutent ni les avertissements, ni les conseils, et réservent leur confiance à Pierrot qui les vole, à Arlequin qui caresse leurs filles, à Scapin qui les met dans le sac et leur donne des coups de bâton ; — les Cassandres, ceux qui haussent les épaules quand Cassandre leur dit : Défiez-vous de Pierrot, d'Arlequin et de Scapin.

Lorsque le cheval de bois, *machina fœta armis*, entre dans les murs de la ville par

une brèche qu'y font les Troyens eux-mêmes,
Cassandre, dit Énée, ouvre la bouche et nous
prédit ce qui allait arriver.

> Tunc etiam fatis aperit Cassandra futuris
> Ora.....

Mais Apollon avait décidé que les imbéciles
Troyens ne la croiraient jamais.

> ... Dei jussu non unquàm credita Teucris.

J'ai, il est vrai, épars dans le monde, un audi-
toire d'amis connus et inconnus qui me lisent fi-
dèlement depuis trente ans, dont quelques-uns
me crient de loin : — Courage, — vous avez raison, — nous sommes avec vous.

Mais ils sont tous éparpillés, ne forment pas
corps, — sont isolés comme moi, — un peu paresseux ou découragés, — et s'occupent peu ou point
de multiplier mes lecteurs.

Les moineaux se réunissent sur les toits pour
se chamailler, les oies volent en troupe, les han-
netons et les chenilles s'amassent en tas ; — mais
les rossignols vivent et gazouillent solitaires dans
les aubépines.

J'ai quelquefois cherché le secret du peu d'influence que j'exerce sur le présent, en même temps qu'une certaine autorité à l'égard du passé.

Voici ce que j'ai trouvé :

Il y a toujours en France une folie épidémique, dominante, régnante ; — tout le monde devenant fou à la fois, et de la même folie, personne ne s'aperçoit de la folie commune ; lorsque tout le monde va aux Tuileries ou à l'Hôtel de Ville, — que deux ou trois veuillent arrêter cette foule et marchent en sens inverse, on les bouscule, on les fait tourner, ils sont heureux si on ne les foule pas aux pieds ; tout le monde crie :

Vive la charte !

Vive la réforme !

A Berlin !

Qui peut entendre une seule voix qui dit : Ne crions pas tant et agissons mieux ?

A ces cris tumultueux, d'autres cris ne tarderont pas à succéder, — la foule prendra bientôt une autre direction, mais ce seront des clameurs aussi violentes, aussi furieuses, aussi assourdissantes, des *à bas* remplaçant des *vivats*, — une folie contraire, mais une folie égale, une course aussi effrénée, mais dans le sens précisément

contraire ; — hier, on courait à Charybde ; aujour-
d'hui, on court à Scylla ; — toujours on court, et
toujours à l'écueil.

L'écrivain, l'homme politique, le philosophe —
qui ne partage pas la folie du moment, n'est jamais l'objet de cette popularité enthousiaste, de
cet engouement — qui seront à peu de temps de
là remplacés par le dénigrement et le mépris,
lorsque viendra le moment de s'enthousiasmer,
de s'engouer pour la folie contraire.

L'homme qui marche seul, qui ne s'affilie à
aucun parti, à aucune coterie, à aucune compli-
cité, — non seulement n'a point d'allié, mais en-
combre les chemins, ralentit et éclaire la marche,
et semble un témoin importun, peut-être mo-
queur, peut-être dénonciateur.

C'est au moins un gêneur, c'est peut-être un
gendarme.

Un publiciste a dit :

« En politique, l'indépendance, la modération,
l'impartialité, c'est la condamnation à l'isole-
ment.

» En politique, tous les hommes suspects de bonne foi sont tenus en quarantaine perpétuelle par les coteries. »

Ainsi, voyez ma situation à l'égard du parti soi-disant républicain : — je professe les principes qu'ils arborent, — j'attaque les abus qu'ils feignent d'attaquer, — je dis ce qu'ils braillent, — je demande le progrès qu'ils font semblant d'exiger ; mais il s'agit bien des principes, des abus, des progrès ! — il s'agit d'une association, d'un complot entre les membres d'une coterie — combattant sous un drapeau de pièces et de morceaux, — la culotte d'arlequin au bout d'un bâton, — pour arriver au partage du butin.

Lorsque la partie est finie, gagnée par les uns, perdue par les autres ; lorsque les enjeux sont ramassés, les gagnants n'ont plus peur qu'on dévoile leurs *tours*, leurs *trucs*, comme on dit aujourd'hui ; les perdants ont pris leur parti, songent à la revanche, et ne sont pas fâchés qu'on leur dise pourquoi et comment ils ont perdu.

Autre point : — Je n'ai ménagé aucune vérité

au gouvernement de Louis-Philippe, — mais lorsqu'il est tombé, j'ai écrit : « Je regrette de n'avoir
pas été l'ami de cette famille, pour avoir à le rester. »

J'ai harcelé sans relâche Napoléon III, tant qu'il
a été debout et puissant ; — lorsqu'il a été renversé, j'avais dit tout ce que j'avais à dire, je me
suis tu ; — alors les couards ont pensé que c'é-
tait le moment de se montrer ; ils ont sorti le
museau de leurs caves, et ils ont crié, braillé,
hurlé les invectives, les injures, les grossièretés,
— et un jour, comme moi je me taisais — ils
m'ont appelé bonapartiste.

Pendant le règne de M. Thiers : — j'ai rappelé
son passé, j'ai dit quelles craintes on en pouvait, on
en devait concevoir pour l'avenir ; quand il a été à
terre, j'ai pensé que la besogne était faite ; on ne
m'a pas, que je sache, encore appelé thiériste, mais
je ne lis pas tous les bons petits carrés de papier
qui s'impriment ; d'ailleurs, en ce moment, on
accable de louanges celui qu'on appelait naguère
« le sinistre vieillard » ; — on essaye d'atteler
de nouveau avec des guirlandes de fleurs le cheval
de renfort qui a un moment rompu ses harnais.

Le plus souvent on répète quand il n'y a plus de danger ce que j'ai écrit au moment du combat, — ce qui fait que je suis toujours seul ; or, comme je ne compte pas changer ni de caractère, ni de manière de voir et d'agir, — il en sera toujours de même jusqu'à la fin, et il faut s'y résigner et attendre.

O Bourgeois, — successeur des rois, et roi toi-même, aujourd'hui que ta destinée est grande et que ton pouvoir est immense, tu as attaqué tous les abus, tous les privilèges, et tu as eu soin de ne pas trop les détériorer ; — tu les possèdes aujourd'hui, et, grâce à tes précautions et à tes ménagements, ils sont encore en assez bon état pour exciter l'envie d'une autre classe qui a pour le moment ramassé ton ancienne indignation contre ces mêmes abus, en attendant qu'elle puisse à son tour les conquérir.

O Bourgeois ! tu es roi, tu es législateur, tu es militaire, tu es tout ce que tu as daigné être, et cela, sans études accablantes, sans soucis rongeurs, cela à mesure que tu te fatigues d'être ferblantier, ou que tu t'ennuies d'être droguiste, ou que tes facultés, un peu éteintes, semblent à ton fils ou à ton gendre ne plus suffire à ton commerce de bonneterie.

Bourgeois, tu règnes et tu gouvernes; Bourgeois, tu as escompté le royaume du ciel qui t'était promis contre le royaume de la terre; — Bourgeois, tu es grand, tu es fort, tu es nombreux surtout, etc.

C'est la Bourgeoisie qui a renversé l'ancienne royauté et l'ancienne aristocratie, — le peuple n'y a contribué que de quelques coups de fusil tirés et reçus sans savoir pourquoi.

Et cela devait être ainsi.

La haine la plus vivace est celle qui a pour origine l'envie; l'envie est une sorte d'amour lâche et honteux, — l'on n'envie, comme l'on n'aime, que ce qui a un certain degré de possibilité, — le peuple n'enviait pas le faste et les dignités de l'aristocratie, cela était trop loin de lui pour que les yeux en fussent blessés ou éblouis.

La Bourgeoisie s'est fait un roi bourgeois avec un chapeau gris pour couronne et un parapluie pour sceptre; — puis, les talons rouges de la finance, les roués du comptoir s'en sont donné à cœur joie, ils se sont mis à jouer gauchement

de leur petit mieux, à parodier les rôles de ceux
qu'ils avaient supplantés, — avouant ainsi qu'ils
les avaient attaqués non par haine pour les renverser, mais par envie pour prendre leur place.

Ils se sont gorgés de tout, ils ont mis de
vieilles armoiries sur leurs voitures et sur leur
papier à lettre, ils ont fait rouler leur vaisselle
d'argent par les escaliers pour la bossuer et lui
donner un air d'argenterie de famille.

Ils se sont emparés de tout, ils sont devenus
tout. . . . .

. . . .

Malheureusement pour eux, les bourgeois
n'ont pas compris leur situation. — Ils ressemblent à la chatte métamorphosée en femme de
la fable, qui, en voyant une souris, se jeta à
quatre pattes et la poursuivit sous le lit, — ils
ressemblent à ce garçon de café devenu million-
naire, qui, surpris par un bruit de sonnette, ne
pouvait s'empêcher de crier : voilà !

Ils s'étaient accoutumés à attaquer la royauté,
et aujourd'hui, sans le faire exprès, ils ne peuvent s'empêcher, un peu par air et beaucoup par
habitude, de se mêler aux attaques dont la nouvelle royauté est l'objet à son tour.

Ils ne voient pas, les malheureux, que c'est leur royauté à eux, que c'est eux qu'on attaque, que c'est eux qu'on veut détruire.

Louis-Philippe est un roi bourgeois, et le roi des bourgeois : ils devraient se relayer autour de lui pour défendre, de tout ce qu'ils ont de courage et de sang, chacun des poils de sa barbe.

Car, s'ils le laissent renverser, que dis-je ? s'ils aident à le renverser, ils sont perdus à jamais, ils expriment leur usurpation et l'orgie à laquelle ils se livrent avec tant de confiance, — leur puissance deviendra un rêve pour eux-mêmes, et leurs enfants refuseront d'y croire.

La royauté se meurt, — la bourgeoisie se tue.

Eh bien, ce que je viens de dire à la bourgeoisie et à propos de la bourgeoisie, c'est en 1841 (octobre), et en 1846 (juillet), que je l'écrivais dans les *Guêpes* de ce temps-là, où il est facile de le retrouver. Si je reproduis ce fragment, c'est pour prouver à mes lecteurs que j'ai la vue bonne, que je prévoyais ce qui allait arriver, même les « nouvelles couches sociales », — et par conséquent leur donner confiance en ce que je leur dis aujourd'hui.

Car, aujourd'hui, j'ai la conviction que je ne me trompe pas davantage, — je sais, je vois, — les nouvelles *Guêpes* ont dit et disent des vérités bien importantes, bien salutaires sur presque tous les points, — et je crains qu'il ne m'arrive encore — après moi sans doute, cette fois, ce qui m'est arrivé toute ma vie.

Et cependant, quand l'Assemblée était encore à Bordeaux, les *Guêpes* n'ont-elles pas annoncé la Commune, n'ont-elles pas lu dans le passé de M. Thiers le rôle qu'il joue aujourd'hui ?

Mais voir d'un peu loin, avoir raison trop tôt, ça ne sert pas beaucoup aux autres, et ça inflige à celui qui a cette infirmité le supplice que subit l'homme qui va du Palais-Royal à la Bourse, en descendant la rue Vivienne, à l'heure où la foule la remonte, de la Bourse au Palais-Royal, pour aller dîner; ses côtes sont vouées aux coudes de ses concitoyens.

La loi électorale d'abord. — C'est le pilotis indispensable pour bâtir dans le marécage où nous barbottons en attendant que nous nous y noyions.

Mais arrêtons-nous un moment encore sur le

rapport de M. de Ventavon, et sur la nécessité de mettre un terme à *la guerre civile* où vit la France depuis trois ans, — guerre, non point encore les armes à la main, — mais où chacun aiguise ou charge les armes.

Il est inutile de faire des enquêtes sur les complots des bonapartistes, — pourquoi cette enquête? Tout le monde sait bien que les bonapartistes conspirent, mais les légitimistes aussi conspirent, mais les pseudo-républicains aussi conspirent, — qui est-ce qui ne conspire pas? Tout le monde conspire, — et à peu près de la même manière.

Chaque parti voudrait que le Maréchal empêchât les autres de conspirer.

Cela me rappelle l'histoire d'un usurier qui va au sermon, — on prêchait précisément contre l'usure; — notre homme est très touché, passe plusieurs fois sa manche sur ses yeux, et, le sermon fini, va féliciter le prédicateur : — « Ah! mon père, que vous avez bien parlé, — quelle joie! quelle éloquence! combien je vous remercie pour ma part!

— Mais, répondit le prédicateur, — voyez

comme on est méchant' ici et comme il faut se
défier des langues! ne m'avait-on pas assuré que
vous étiez le plus formidable entre les quatre
usuriers qui ruinent cette ville?

— On ne vous a pas trompé, mon père.

— Mais, alors, aurais-je été assez heureux pour
vous dégoûter de... ce... métier?

— Pas le moins du monde, mon père, mais
j'espère que vous aurez dégoûté mes trois con-
currents. »

Est-il donc vrai que ce peuple, autrefois si
spirituel, soit devenu assez bête pour qu'il y ait
un danger sérieux pour lui dans ces exhibitions
de portraits, — dans cette lutte de photographies à laquelle se livrent les légitimistes et les
bonapartistes.

Virgile peint les abeilles voltigeant autour des lis
et remplissant l'espace de murmures menaçants.

Mais il nous dit que cela se passe sur les rives
du Léthé, où les uns et les autres vont boire les
longs oublis [1].

1. .... Apes....
                        Candida circum,
      Lilia funduntur,

Les pseudo-républicains ne distribuent pas de portraits, — ils n'en ont pas besoin, — d'abord, ils ne sont pas jolis, jolis! et d'ailleurs, si la France est privée pour le moment de voir MM. Pyat, Vermesch, etc., tous les jours à la gare Saint-Lazare, on peut contempler MM. Naquet, Gambetta, etc., etc.

Je ne me rappelle pas, si j'ai cité déjà un exemple curieux de cette bizarrerie que j'ai trouvée dans l'histoire : — Maximin associa son fils à l'empire et n'en donna pour raison que la beauté du jeune homme.

« J'ai nommé mon fils empereur, écrivit-il au Sénat, pour que le peuple romain et le Sénat puissent dire qu'ils n'ont jamais eu un plus bel empereur[1]. »

L'*annonce* et la *réclame* appliquées au suffrage universel doivent faire rire... les autres peuples. — « Prenez n'importe quoi ou même rien du

Strepit omnis murmura campus.
..... Lethœi ad fluminis undas,
Securus latices et longa oblivia potant.

1. Nunquam pulchriorem imperatorem habuisse.

J. CAPITOLINUS.

5.

tout, disait le *Bourgeois de Paris*, annoncez-le énormément, et vous en vendrez tant que vous voudrez. »

Je m'étonne qu'on n'ait pas encore promis des primes, « une montre à remontoir », par exemple, — aux électeurs qui voteront pour l'un ou pour l'autre des prétendants.

Villemain se plaignait un jour de la haine des partis : « Qu'ils m'attaquent, disait-il, j'ai été, je suis aux affaires ; — mais que leur ont fait mes deux pauvres petites filles pour qu'on répande le bruit qu'elles me ressemblent ? »

M. de Chambord prétend avoir « étudié l'histoire » ; nous savons l'histoire qu'on leur enseigne.

Il est toute une bibliothèque, où chaque volume porte en lettres d'or, sur la couverture, ces mots significatifs :

Expurgé, à l'usage du Dauphin.

Expurgatum, ad usum Delphini.

Il devrait savoir que Louis XIII est l'inventeur du tricolore :

Incarnat, bleu et blanc.

Qu'il s'était emparé des trois couleurs et y tenait beaucoup.

En effet, dans une ordonnance du 25 septembre 1629, on lit :

« Fait très expresses défenses à toutes personnes, de quelques qualités qu'elles soient, de faire porter dorénavant à leurs pages et laquais des habits d'*incarnat, bleu* et *blanc,* dont sont vêtus les pages, valets *à* pied et autres officiers du Roy, et à tous tailleurs d'habits, fripiers, etc., de faire ou vendre des habits de ces couleurs, sous peine d'être *déclarés infâmes,* de subir la confiscation et une punition corporelle. »

Fort de ce précédent, M. de Chambord ne se fût peut-être pas exposé à « remporter son drapeau blanc ».

Un mot de Jules Janin :
On lui envoie un jour une feuille qu'il ne recevait pas d'ordinaire.
— Tiens ! pourquoi t'envoie-t-on ce journal ? lui demande Th. Burette.

— C'est probablement qu'on m'y « *abîme* ».

Il déchire la bande, et lit.

— Eh bien, dit Burette, que disent-ils?

— Peuh! que je n'ai pas d'esprit... des bê-
tises!

M. le comte de Chambord, — voulant absolument faire quelque chose de son drapeau blanc,
vient d'en faire :

LE LINCEUL DE LA LÉGITIMITÉ et de la royauté
du droit divin.

Le 7 septembre 1870, — on était en pleine
guerre, — les citoyens membres de la commission départementale provisoire du département
de l'Isère, — séant à Grenoble, — n'ont rien de
plus pressé que de briser les entraves que la ty-
rannie avait imposées aux citoyens marchands de
vins et cabaretiers et à leur honorable clientèle
« buveurs très précieux », orateurs de balcon,
hommes politiques de taverne, et « travailleurs »
altérés. — Tous les gouvernements qui voulaient
vivre et pensaient qu'il fallait montrer au moins
un semblant de moralité, avaient placé les cafés,
cabarets, tavernes, etc., sous une surveillance

spéciale; ces temps-là sont passés, — il n'y a pas assez, il ne saurait y avoir trop de ces endroits où l'on vend le vin frelaté, l'ivresse, la haine, la folie, l'abrutissement, au litre et à la bouteille.

Voici le morceau :

« Par dérogation au régime de la liberté industrielle, l'ouverture et l'exploitation des débits de boissons ont été subordonnées à une autorisation préfectorale par un décret du 29 décembre 1851.

» Ce décret doit aujourd'hui être considéré comme non avenu.

» En conséquence, l'établissement de tout café, cabaret ou autre débit de boissons est placé, dans l'étendue du département de l'Isère, sous le régime du droit commun.

» Grenoble, le 7 septembre 1870.
» La Commission départementale provisoire :

» Julhiet, Recoura, Bovier-Lapierre, E. Dupoux, A. Brun. »

L'introduction d'abord, l'invasion ensuite des avocats dans les assemblées publiques a corrompu et avili le langage parlementaire.

Je voudrais affirmer et expliquer ce fait incontestable, selon moi, sans commettre d'injustice envers de grands et réels talents, et sans blesser les quelques amis que j'ai dans cette profession.

Ce n'est pas une attaque que je veux faire, c'est une observation.

Les avocats aiment à s'intituler les « défenseurs
de la veuve et de l'orphelin », — j'ai fait remarquer déjà que la veuve et l'orphelin n'auraient
pas besoin d'un avocat qui les défendît, s'il ne
se trouvait pas en face un avocat qui les attaquât.

La profession d'avocat amène nécessairement
ceci que celui qui l'exerce doit combattre souvent
pour une cause qui ne l'intéresse en rien, pour une
cause qui n'est peut-être pas la bonne, de telle
sorte que s'il eût eu à choisir, il se fût chargé
plus volontiers de la cause adverse. Il s'ensuit naturellement que les colères sont feintes et les
emportements simulés.

Que c'est une escrime où l'on s'agite beaucoup,
où l'on frappe bruyamment la terre avec des sandales retentissantes, où l'on voit briller et s'entrechoquer avec un bruit strident des lames de
fer, — mais où les fleurets innocents sont « boutonnés », les poitrines préservées par un plastron et le visage garanti par un masque.

Il serait du plus mauvais goût de se fâcher
d'un coup de bouton de plus ou de moins reçu
dans l'assaut; — on prendra sa revanche un
autre jour, et l'on voit souvent deux avocats en
sueur, après s'être escrimés avec ardeur l'un

contre l'autre, après avoir échangé les démentis,
les imputations, les accusations les plus flétris-
santes, — traverser, en se tenant par le bras, la
salle des Pas-Perdus et s'en aller déjeuner ensemble à un certain café dont j'ai oublié le nom,
— le café d'Aguesseau, je crois, — sur la place
du Palais de Justice.

Cette indifférence sur les horions échangés,
cette immunité convenue, les avocats représentants les transportent dans les assemblées, et ne
remarquent pas toujours assez qu'ils ont souvent
pour adversaires dans la discussion des hommes
qui n'ont pas les mêmes habitudes, et peuvent se
sentir et se déclarer offensés de certaines intempérances, de certains *lapsus* de langue qui n'ont
rien de choquant entre avocats.

Ajoutez que ce ne sont pas le plus souvent les
premiers, les plus diserts d'entre les avocats qui
abandonnent le Palais pour la Chambre, les
maîtres de la parole, les véritables orateurs, —
que ce sont le plus souvent ceux qui n'ont pas su
se faire une place dans leur profession; des avocats de cour d'assises, quelque chose comme les
acteurs de mélodrames, habitués à tenir beaucoup plus de compte de l'action souvent immo-

dérée, de l'emphase, de la boursouflure, des
grands gestes, des éclats de voix, des coups de
poing sur la barre, etc., que des artifices et des
délicatesses du langage, de la science, de la discussion, de la force des arguments, etc.

Certes, s'il n'y avait dans une assemblée qu'un,
deux, trois, dix avocats, ils prendraient graduellement le diapason de cette Assemblée, et per-
draient l'accent du terroir, comme la plupart des
gens du nord et du midi perdent plus ou moins
leur accent à Paris, s'ils ont soin de n'y pas
vivre entre eux.

Mais comme ils sont beaucoup plus, beaucoup
trop nombreux, comme ils parlent plus souvent
et plus longtemps que les autres, au lieu de
prendre le diapason, ils l'imposent; au lieu de
perdre leur accent, ils le donnent aux autres, et
on en arrive à cet oubli des convenances, à ces
échanges d'injures quelquefois grossières, auxquels il nous est donné d'assister, et qui tiennent
plus de « l'engueulement » que de l'éloquence,
et conduisent naturellement au pugilat. Ajoutez
encore que, par suite de l'habitude du Palais, les
avocats, accoutumés à ne pas s'offenser de cer-

taines intempérances, sont tout étonnés quand d'autres s'en offensent, et ne se croient pas obligés de donner des réparations qu'ils ne demanderaient pas.

Or, la corruption et l'avilissement du langage sont les causes ou les effets, mais à coup sûr les signes du relâchement et de l'abaissement des esprits. Les Grecs disaient : « On parle comme on vit. »

Et Sénèque :

« Partout où vous verrez que l'on tiendra et que l'on aimera un langage corrompu, ne doutez pas que les mœurs n'y soient dépravées. »

Ubicunque videris orationem corruptam placere, ibi mores quoque à recto descivisse non erit dubium.

Une autre cause contribue à faire perdre au langage français cette urbanité, cette finesse dans la plaisanterie et l'ironie — qui, lorsqu'elles blessaient, faisaient du moins des blessures honnêtes et propres; on se piquait, on se perçait avec de belles épées de pur acier, aujourd'hui on se sert d'instruments que la justice appelle « *con-tondants* », de bâtons, de marteaux, de pierres qui meurtrissent et font « des bleus » comme le coup de poing reçu l'autre jour par M° Gambetta, ou de mauvais couteaux rouillés, ébréchés, etc.

Cette autre cause est dans les journaux. Certes la presse compte un certain nombre d'écrivains distingués, experts dans la science de bien dire, maîtres de leur plume, mais combien, en échange, remplissent les journaux de leur prose, qui n'ont fait aucune étude de l'art d'écrire, qui remplacent les arguments par les injures et la dialectique par la grossièreté? Il en est de même dans les clubs, dans les réunions soi-disant politiques, etc.

D'autre part, on ne lit plus guère que les journaux dont les meilleurs présentent pour le moins des spécimens de négligences qui s'expliquent par la nécessité de l'improvisation : la langue, la belle langue française, s'altère, se corrompt et menace de se perdre.

Le spectacle qu'ont présenté tour à tour, ces jours derniers, et l'Assemblée des représentants de la France, et les gares du chemin de fer, où nous avons vu « l'éloquence de la tribune » dé-

générer par une pente douce et naturelle en
coups de poing et en coups de canne, n'était pas
précisément ce qu'on appelle un joli spectacle,
mais ce pourrait, ce devrait être un spectacle édi-
fiant et instructif.

Mᵉ Gambetta, soutenant au tribunal qu'il *n'a*
reçu *que* un coup de poing — quand M. de Sainte-
Croix affirme lui avoir donné un soufflet, — rappelle M. de Talleyrand recevant un soufflet de
Monbreuil, et s'écriant à l'instant même : « Ah !
quel coup de poing ! »

Les délicats, s'ils consentaient à se mêler de
cette affaire mal commencée et mal conduite, diraient que l'intention de donner un soufflet suffit
pour constater l'insulte, — et que, — entre gens
bien élevés, parmi lesquels les soufflets donnés
et surtout les soufflets reçus sont extrêmement
rares, il suffit, dans les cas extrêmes, que l'insul-
teur — chose peu ordinaire — fasse un geste
de la main ou du gant, pour que son adversaire,
d'un mot ou d'un autre geste, fasse comprendre
qu'il tient le soufflet pour reçu et que l'affaire regarde les témoins.

Quant à la proposition qui paraît ne pas aboutir d'une liste de dix combattants, — elle est renouvelée des Horaces et des Curiaces, du combat des trente, etc., et très près de nous — lors de l'emprisonnement à Blaye de la duchesse de Berry — les chevaliers de la duchesse de Berry envoyèrent une liste au *National*, — affaire qui fut arrêtée par l'annonce officielle de la grossesse de la duchesse.

M. Clémenceau, demandant raison d'une insulte faite à Mᵉ Gambetta, — me rappelle « la *Jolie fille de Perth* », ce beau roman de Walter Scott que je citais il y a peu de temps.

Il y a encore là un combat de clan contre clan et un terrible combat, — le clan Chattam contre le clan de Quhèle, — trente contre trente.

Le clan Quhèle a pour chef un jeune homme, Eachin, élevé loin des montagnes, de la chasse et des exercices guerriers ; son tempérament, plus fort que sa volonté, lui refuse la farouche valeur de ses compagnons et de ses adversaires, — mais son père nourricier, le géant Torquil du Chêne, l'entourant avec ses huit fils qui ne laisseront pas approcher de lui le terrible armurier Henry, — crie à ses fils : « Mourez pour Ea-

chin ! » — Puis, à mesure qu'un des gardes du
corps est renversé — Torquil s'écrie : « Un autre
qui meurt pour Eachin ! »

Ils sont tous tués, — et alors Eachin jette ses
armes, se précipite dans la rivière et se sauve —
peut-être à Saint-Sébastien.

On aime à s'en prendre à ses ennemis de ses
calamités, de ses déboires, mais le plus souvent
il serait plus juste et plus vrai de se les attribuer
à soi-même, — tous les partis, tous les gouvernements périssent par leurs ultras.

A peine rentré en France, derrière les baïon-
nettes étrangères, Louis XVIII dut en ressortir.
Pourquoi ?
Voilà ce que disait un bon Français de ce temps-
là :
« Les Bourbons s'en retournent parce que, au
lieu de rentrer chez nous, ils ont voulu rentrer
chez eux. »

En 1816, — remonté de nouveau sur le trône,
Louis XVIII se plaignait de ses amis, et prenait
des précautions contre eux. Le comte Decazes,

ministre de la police générale, père, je crois, du
duc actuel, qui doit être comte de Cazes et
Duc de Glusberg, écrivait aux préfets, au nom du
Roi, le 12 septembre ; — il les engageait à surveiller et à écarter les Belcastel et les Dahirel de
ce temps-là : « *Les amis insensés qui ébranleraient*
le trône en voulant le servir autrement que le Roi
ne veut l'être; qui, dans leur aveuglement, osent
dicter des lois à la sagesse, et prétendent gouver-
ner pour lui, — le Roi ne veut aucune exagération. »

A cette même époque, un préfet recevait l'ordre de « *repousser des élections MM. tels et tels,*
et notamment M. le marquis de Clermont Mont-
Saint-Jean, comme trop royalistes ».

J'ai sous les yeux une lettre du marquis où il
s'en plaint ; — on répandait à profusion, et le
gouvernement n'était pas étranger à cette propa-
gation, un écrit où on lisait :

Il y a des gens qui voudraient le Roi sans
charte, le rétablissement des privilèges détruits et
oubliés ; l'anéantissement des institutions libé-
rales, qui aspirent à faire reculer l'opinion d'un
demi-siècle, à replacer la France sous un ordre de
choses dont les éléments n'existent plus.

Cela peut se répéter aujourd'hui, mais avec deux différences, l'une petite, l'autre grande, — la première que, au lieu d'*un demi-siècle*, il faut dire : presque un siècle;

La seconde, c'est qu'il faut mettre le Roi, — M. de Chambord, — au nombre de ceux qui sont « trop royalistes » et qui n'ébranlent pas le trône par cette seule raison qu'il n'y a pas de trône et qu'ils rendent impossible d'en élever un.

C'est offenser un musulman que de lui demander des nouvelles de ses femmes. Sans aller tout à fait aussi loin dans la réserve à l'égard du beau sexe, il a été longtemps en France considéré comme une règle, dans la bonne compagnie, de ne pas parler d'une honnête femme dans un lieu public; une femme ne se serait pas facilement consolée d'apprendre que son nom avait été lu dans un journal, et si cela était arrivé par hasard, le journaliste aurait dû faire réparation au mari, au frère ou au fils de la femme offensée. Je ne veux pas parler du temps où le « gazetier » eût été « bâtonné » par « la livrée » et n'eût pu obtenir que M. le duc trois étoiles ou le marquis quatre étoiles condescendît à lui donner satisfaction les armes à la main.

C'était alors une forme terrible et écrasante du blâme de dire d'une femme : *elle fait parler d'elle ;* on ne prenait pas la peine d'expliquer si c'était en bien ou en mal, il suffisait qu'on parlât d'elle et qu'elle y eût donné lieu.

Il n'y avait alors aucune chance pour une honnête femme d'être connue du « public ».

Tout cela est changé aujourd'hui. Est-ce mieux ? J'en doute beaucoup. Les femmes y ont-elles gagné ? Je suis convaincu du contraire. A qui la faute ? On ne risque guère de se tromper, en attribuant à peu près toujours à un sexe les fautes et les sottises de l'autre. On a cité ce mot d'un chef de la police qui, lorsqu'un crime lui était dénoncé, demandait : où est la femme. En effet, presque toujours, les crimes des hommes sont commis non pas précisément à l'instigation des femmes, mais pour les femmes ou à propos des femmes. Quant à elles, elles ne nous font pas tant d'honneur, elles ne font guères pour nous que des sottises.

Il paraît évident que la vie des cercles, qui laissait les femmes seules à la maison, est ce qui leur a donné l'idée d'en sortir elles-mêmes.

Il y a encore la question des courtisanes. Sous la régence et sous Louis XV, époques qui ne brillaient pas précisément par la sévérité des mœurs, il y avait un certain nombre « d'impures » en renom; — elles étaient richement entretenues, par de grands seigneurs et des financiers que cela ne ruinait pas, du moins pour la plupart — et qui ne prenaient pas sur le train de leur maisons et les dépenses de leurs femmes. Ceux qui payaient ces « impures » étaient loin de les traiter sur le pied de l'égalité, elles faisaient partie de leur domesticité. On disait : *la* une telle appartient en ce moment au duc de*** — au « traitant » un tel — à l'évêque de***. Elles ne se piquaient pas, je pense, de fidélité, mais alors être ce qu'on appelle aujourd'hui leur « amant de cœur », et ce qu'on appelait alors leur « greluchon », c'est-à-dire se servir d'elles sans les payer, était réputé assez honteux pour que l'enteneur en titre ne daignât pas s'en offenser, ou se crût suffisamment vengé par l'humiliation

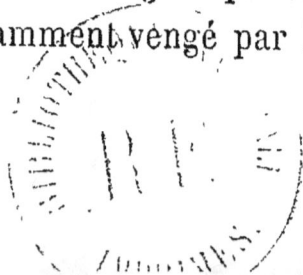

6

de son rival clandestin; — elles ne trouvaient guère, d'ailleurs, ces « délassements » de leur cœur qu'avec des hommes de leur classe.

On l'a dit avec raison, il y avait dans les mauvaises mœurs et la mauvaise compagnie de ce temps-là, encore quélque chose qui manque aux bonnes mœurs et à la bonne compagnie d'aujourd'hui.

Il est rare aujourd'hui qu'une de ces filles soit entretenue par un seul homme; on a appliqué à leur industrie l'idée qui a présidé à la création des cercles. Un grand nombre de gens, moyennant une rétribution relativement insignifiante, jouissent dans un local commun d'un luxe que presque aucun ne pourrait se procurer chez lui avec sa fortune personnelle.

Grâce à l'association on a sa part des faveurs d'une femme richement vêtue, magnifiquement meublée, ayant des diamants, une maison montée, des chevaux, des voitures, etc., dont chacun ne paye qu'une part minime et jouit entièrement pendant le jour, l'heure ou le quart d'heure que lui rapporte son nombre « d'actions », et il est convenu que ce n'est plus ni honteux ni répugnant.

Le bon marché relatif apporté par la « coopé-
ration » à l'amour vénal a dû multiplier singulièrement le nombre de ces filles, et en augmentant, dans une proportion encore plus forte, le
nombre des gens qui vivent avec elles, leur faire
une large place dans la société. Un élément nouveau est venu modifier encore leur situation.
Certains journalistes, m'assure-t-on, un très petit nombre, je veux absolument le croire, tiennent à honneur d'être actionnaires, sans débour-
ser ; d'être « aimés pour eux-mêmes », de souper
chez elles et avec elles aux dépens des actionnaires
payants, — ou, du moins, ils les payent, eux, en
renommée et en gloire. Ils mentionnent leur
présence aux premières représentations, aux
courses, etc., ils vantent leur beauté, décrivent
leurs toilettes, — les « annoncent », leur font
des « réclames » et achalandent leurs boutiques
dans lesquelles ils ont un certain intérêt.

Aussi, aujourd'hui, tout le monde les connaît,
— les « honnêtes femmes » les regardent, les exa-
minent, en parlent, blâment ou louent leur
parure, — s'informent de leur couturière, de
leur marchande de modes, et s'efforcent de les

imiter, c'est-à-dire d'accepter une lutte où elles
sont nécessairement vaincues, irritées, humi-
liées, car la plus honnête femme du monde ne
peut guère ruiner qu'un mari et un amant,
tandis que ces « impures » lèvent des imposi-
tions et perçoivent des tributs et des droits sur
le public tout entier.

La foule, le vulgaire confond facilement la
célébrité, la « famosité » — avec la renommée,
avec la gloire. Les femmes du monde ont senti
de l'humiliation de la notoriété donnée aux
courtisanes. Eh quoi! on fait savoir à l'univers
que cette fille est jolie, bien faite, — qu'elle a
les yeux noirs, les cheveux rouges, — qu'elle est
habillée de telle ou telle façon, — qu'elle assis-
tait à la première représentation de telle pièce
de Dumas ou de Feuillet. Mais j'y étais aussi à
cette représentation, et il me semble que je suis
au moins aussi jolie qu'elle — et j'avais une robe
charmante et une coiffure délicieuse, — et tous
les regards auraient été pour elle : — j'aurais été
là comme si je n'y avais pas été! on n'aurait pas
daigné me remarquer, m'apercevoir!

Du moins, c'est ce que doivent penser les lec-

teurs des journaux dans toute la France et dans
le monde entier.

De là, le désir ardent qui s'empare d'un certain
nombre de femmes du monde; elles veulent
qu'on parle d'elles, elles veulent lire aussi leurs
noms dans les journaux, — elles veulent que les
lecteurs de ces feuilles sachent qu'elles aussi
sont jolies et bien mises. Quelques-unes donnent
des fêtes, des soirées, des bals, des raouts, in-
stituent des loteries de bienfaisance, où elles ont
soin d'avoir quelques journalistes pour lesquels
elles font des frais particuliers, — et, le lendemain, elles brisent fiévreusement la bande du
journal et cherchent leur nom.

Leur nom... imprimé.

Quelques-unes, les « timides », disent encore :
C'est ennuyeux les journaux, on ne peut plus
faire un pas sans y lire son nom, — mais que le
journaliste ne les ait pas nommées, décrites,
détaillées, il pourra attendre en vain une nouvelle invitation.

Les moyens de « paraître » sont nécessairement variés; — un des moyens les plus ambi-
tionnés est d'écrire; — on intrigue pour glisser

6.

un article dans une revue, le plus souvent sous un pseudonyme, non par pudeur, mais par coquetterie, par raffinement ; c'est un voile de plus à laisser lever, et on le laisse lever par tout le monde, un voile qu'on dérange soi-même si on ne réussit pas à trouver des audacieux, des « insolents ».

Telle autre a adopté « la partie » des bons mots, — des mots hardis, des mots risqués.

Telle autre se contente de ne porter que les modes d'après-demain.

On veut être vue, on veut être imprimée, — on se montre partout, — et s'il se passe un mois pour les unes, une semaine pour les autres sans qu'elles aient vu leur nom imprimé, elles s'évertuent à chercher par quelle nouvelle audace, par quelle nouvelle extravagance elles peuvent réveiller la publicité paresseuse, indifférente, fatiguée, blasée ou endormie.

La pudeur des femmes ne consiste pas seulement dans les vêtements ; leur vie aussi a sa pudeur et doit avoir ses voiles comme leur corps. Si la beauté de la femme est l'ornement de la maison, sa vertu, sa chasteté, sa réserve sont des roses qui l'embaument et la parfument. La femme qui vit dehors rentre à l'état de rose sur laquelle on a marché ; — heureuse si elle n'a fait que perdre son parfum, et si elle ne rapporte pas des odeurs suspectes.

Une lectrice m'interrompt : — « Mais, monsieur, la vie que vous voulez nous imposer serait parfaitement ennuyeuse. Pourquoi cette monstrueuse inégalité entre nous et messieurs les hommes ?

— Je ne veux rien vous imposer, chère dame, et si j'ai l'air de vous enlever ce que vous appelez l'égalité, c'est pour vous assurer au contraire l'égalité véritable, ou plutôt la supériorité, la royauté élective et renouvelée tous les jours dans la maison dont vous êtes la souveraine. »

De même, celles d'entre vous qui, en se décolletant et en offrant au regard de trop forts échantillons de leurs charmes, se trompent si elles croient faire naître ainsi l'amour ; — elles ne peuvent qu'exciter des fantaisies lascives, des désirs violents peut-être, mais passagers, peu faits pour flatter un orgueil honnête. Elles me rappellent ce prédicateur, qui disait à propos de

l'amour : « Encore, si ça durait un siècle ces vo-
luptés profanes ; si ça durait un an, si ça durait
un jour, si ça durait une heure, on comprendrait
peut-être qu'on les payât de son salut éternel, —
mais non... zag-zag-zag-zag... et... damné. »

Soyez certaine, chère dame, que l'on n'a envie
d'entrer que dans les maisons fermées, — la
femme, non seulement la plus honnête, mais
aussi la plus heureuse, est celle dont on ne
parle pas, — comme on a dit : Heureuse la nation qui n'aurait pas d'histoire.

Il est un autre point auquel ne paraissent pas
songer les femmes qui veulent à tout prix faire
parler d'elles, — c'est que, grâce à la soudaineté
de leurs impressions, grâce à l'irresponsabilité
de leurs actes, il n'y aurait pas moyen de les admettre dans la société, si la loi et les usages ne
leur donnaient un éditeur responsable à qui l'on
puisse demander satisfaction de certains excès
de langue et de certains procédés violents, le
mari, le père, le frère, — au besoin même l'a-
mant, celui-ci avec certains détours et certaines
précautions.

La responsabilité qu'elles leur font encourir devrait, ce me semble, suffire pour les faire réfléchir à l'occasion.

Madame la princesse de Metternich avait, sous l'empire, fini par appartenir à la publicité; — les journaux décrivaient régulièrement ses toilettes et publiaient ses « mots »; — elle s'amusait de ce bruit, de ce froufrou de ses jupes et de sa langue, et l'encourageait. Si bien que je ne crois pas aujourd'hui sortir des convenances en parlant d'elle, moi, si réservé d'ordinaire sur le chapitre des femmes, qui ne parle jamais dans les *Guêpes* ni des femmes honnêtes, par respect pour elles, ni des autres par respect pour moi.

Eh bien! grâce à cette habitude de parler haut, de parler à la cantonade, d'être toujours en représentations, madame de Metternich vient d'amener entre son mari et le comte de Montebello, un duel qui, par hasard, n'a pas eu de conséquences funestes.

Autre exemple : Il est de ce temps-ci une autre

personne qui a provoqué, obtenu, escaladé la
notoriété avec plus d'ardeur et de préméditation,
et par des moyens plus violents, c'est madame
Ratazzi, — madame de Solms, — qui s'appelait
avant son second mariage, la *princesse* de Solms.
Elle a, à propos d'une de ses publications, failli,
dans le temps, faire battre son frère et son premier mari avec quelqu'un que je ne nommerai
pas, — et un roman, publié par elle dans les
dernières années de l'empire, a attiré à son
second mari Ratazzi vingt provocations auxquelles il a cru pouvoir ne pas répondre, —
sans quoi ce serait probablement d'un coup
de pistolet ou d'un coup d'épée qu'il serait
mort.

M. de Mahy, — député, membre de la commission de permanence, — se plaint amèrement de
la suppression des « chambrées » de Toulouse. —
« C'est, dit-il, dans une lettre publiée par les journaux, une tendance désastreuse. »

Nous allons un peu parler des chambrées. —
Nous commencerons par produire en partie une
circulaire du préfet de Vaucluse ; cette circulaire
traite la question avec un grand bon sens.

Nous ferons à son sujet deux ou trois observations ; — puis, nous donnerons la parole à mon gendre, à mon fils Léon Bouyer, qui est Provençal, qui en est heureux et fier, qui aime son pays, et qui constate avec chagrin l'extension que prend dans les campagnes la tache d'huile, la tache de moisissure, le chancre des dangereuses théories, ou mieux, billevesées démagogiques. — Je le prie de nous expliquer ce que c'est en effet que « les chambrées ».

M. le préfet de Vaucluse se trompe lorsqu'il dit : « Les chambrées sont inconnues dans le reste de la France ».

M. Mercier, il y a un mois encore, préfet du Var, destitué à la suite, je crois, d'un différend avec le préfet maritime de Toulon, en avait fait fermer déjà une certaine quantité.

Le préfet de Vaucluse à MM. les sous-préfets et maires du département.

» MESSIEURS,

« Le grand nombre de chambrées existant exceptionnellement sur certains points de ce dé-

partement, et en particulier dans l'arrondissement d'Apt, a attiré mon attention, comme celle
de la plupart de mes prédécesseurs, dont les
préoccupations à ce sujet ont laissé des traces
écrites que j'ai utilement consultées.

» Depuis quinze mois que j'administre ce pays,
je me suis livré à une étude attentive et assidue
de cette question, et il est résulté de l'expérience
acquise et de tous les renseignements recueillis,
que les chambrées exercent, en général, une fâcheuse influence dans le milieu où elles sont
établies.

» Il est des communes où la majeure partie de
la population valide est enrôlée dans les chambrées. Il arrive alors que le foyer est déserté, que
les femmes et les enfants sont délaissés, et que
la vie de famille est profondément atteinte. .

» On joue fréquemment dans les chambrées. On
y perd son argent, son temps, et souvent aussi sa
liberté et son indépendance. La chambrée est habituellement un foyer politique d'autant plus dangereux que la contradiction n'y existe pas, que
l'on s'y exalte dans une même opinion, que quelques hommes influents y dominent, et qu'il est
rare que l'unique journal qu'on y lit, quand on

en reçoit un, ne soit pas une feuille d'opposition contre les principes de l'ordre social.

» On peut donc dire avec certitude que, presque partout, la condition sous laquelle ces sortes d'associations ont été autorisées, — l'interdiction des discussions politiques, — est perpétuellement enfreinte.

» Cela est si vrai que, dans beaucoup de chambrées, s'étalaient, il y a moins d'une année, des emblèmes séditieux dont j'ai dû prescrire l'enlèvement.

» Je suis informé que, sauf de rares exceptions, les chambrées continuent à être en quelque sorte des clubs en permanence, d'autant plus à craindre que l'accès en est fermé à l'autorité.

» Dans ces circonstances, ayant la volonté et le devoir de servir les intérêts moraux de ce département, j'ai décidé que les chambrées précédemment autorisées ou tolérées seraient fermées. Les arrêtés de dissolution ont été ou seront adressés à MM. les maires.

» En agissant ainsi, j'ai la conscience de rendre service à ce pays, de le restituer aux saines et moralisatrices influences de la famille, à la

7

pratique des devoirs du foyer, et de l'affranchir
de la tutelle de quelques personnes, d'autant plus
écoutées qu'elles s'adressent à des hommes que
le défaut de culture intellectuelle livre sans
défense aux excitations et aux sophismes de l'erreur.

» Les chambrées, inconnues dans le reste de
la France, constituent une exception dans ce département.

. . . .

» Les cafés et les cabarets ne manquent pas
dans les communes, et ceux pour qui la chambrée cessera d'exister pourront s'y réunir avec
leurs concitoyens, traiter leurs affaires et s'y dis-
traire honnêtement et au grand jour, sous la surveillance de l'autorité.

» Là, du moins, sur ce terrain accessible à tous,
la fusion des opinions peut se faire et produire
l'apaisement, dont nous avons plus que jamais
besoin dans nos malheurs. »

Ma première remarque, sur la circulaire de
M. le préfet de Vaucluse, est que ce qu'il dit avec
raison contre les chambrées, s'applique parfaitement aux cercles ; j'en ai déjà parlé, j'y reviendrai.

La seconde, c'est que les cafés et les cabarets, moins dangereux, selon lui, sous le rapport politique, ne le sont pas moins sous le rapport des mœurs et de la dissolution de la famille.

Je dis *selon lui;* car le café et le cabaret ne consistent pas seulement dans la partie vitrée, toute grande ouverte au public; — il n'est guère de cabaret ou de café qui n'ait une salle séparée, ne donnant pas sur la rue ou sur la place où est la façade du cabaret ou du café, mais ayant une entrée particulière par une autre rue, et située, soit derrière le cabaret ou café, soit au-dessus.

Cette salle, réservée aux bons clients, aux habitués respectables, n'accepte pas les prescriptions de la police concernant ce genre d'établissement; — elle s'ouvre ou continue à rester ouverte après l'heure réglementaire de la fermeture des cabarets et cafés; — on y joue, on y joue relativement gros jeu, — on y discourt, et on s'y livre à de petites menées politiques.

Les cabarets et les cafés sont la ruine et la perte des ouvriers et des paysans, — ils sont, comme les chambrées, la destruction de la famille, il n'y a plus de patrie.

J'ai dit comment, — sans illégalité, sans arbitraire, on pourrait en trois mois faire fermer *spontanément* les deux tiers des cabarets et des cafés.

Il suffirait d'exercer une surveillance inflexible, — sur la qualité et la quantité de leurs marchandises :

1° Exiger que toute denrée livrée au consommateur ne lui fût présentée que sous son véritable nom et sa provenance réelle ;

2° Punir sévèrement toute altération, toute sophistication, tout mélange.

Ici une parenthèse pour citer un exemple :

La fausse bière, — la bière artificielle et malsaine — se vend aujourd'hui au verre, au bock, je crois, aussi cher qu'on vendait autrefois la bouteille de la bière faite d'orge et de houblon, — deux éléments qui n'entrent plus dans la fabrication de la plupart des bières que pour une part plus ou moins minime, et qui souvent en sont complètement absents.

3° Puis de supprimer le crédit, en ne reconnaissant plus légalement les dettes de cabaret et de café ;

4° En affranchissant et en dégrevant d'impôts

le vin que l'ouvrier achète et emporte chez lui
pour les besoins de sa famille, — en reportant ces
impôts sur celui qui se boit au cabaret, — jusqu'au
jour où on en viendra au seul impôt loyal et équitable, — l'impôt unique sur le revenu.

Il est incontestable que ces quatre articles non
pas seulement édictés, mais mis en pratique, —
amèneraient en trois mois la fermeture volontaire
des deux tiers de ces établissements si désas-
treux.

Il y a quelque temps, j'en parlai à un fonctionnaire public d'ordre supérieur, qui vint me voir en
passant; — je lui demandai s'il avait quelque
objection à faire à ma proposition, et s'il doutait de
son efficacité; — il me répondit qu'il n'avait
aucune objection, et qu'il était aussi convaincu
que moi du résultat.

— Eh bien !

— Eh bien, par les impôts indirects, l'État est
l'associé né des cafés, cabarets, etc., et partage
leurs bénéfices, — et on n'en ferme quelques-uns
de temps en temps, — que lorsqu'on y est con-
traint par un scandale.

— Mais c'est une immoralité, c'est un crime,

— ces établissements si multipliés aujourd'hui détruisent l'estomac et le cerveau...

— Que voulez-vous ?

Il en est de même des journaux, surtout des journaux soi-disant républicains, qui se sont donné, qui se donneront bien de garde de reproduire ce que j'ai écrit à ce sujet ; — les cafés, les cabarets comptent pour beaucoup sur leurs listes d'abonnés, et les clients de ces établissements forment la majorité de leurs lecteurs ; ceux-là surtout qui s'intitulent « indépendants », et portent le plus le chapeau sur l'oreille en parlant aux rois et aux ministres... patients, sont dans la dépendance la plus absolue de ces débitants.

Il serait temps que l'on prît un parti, — les ouvriers sont aujourd'hui bien et dûment empoisonnés, — je parle de ceux qui s'intitulent « travailleurs » et ont pour « signe particulier » qu'ils ne travaillent pas.

On veut passer, on passe aujourd'hui à ceux qu'il y a trois ans on appelait si dédaigneusement « les ruraux ».

A ceux dont le bon sens plus robuste, les ap-

pétits moins surexcités, semblaient devoir résister plus énergiquement.

Voici comment se crée la *chambrée :* Quelques
jeunes paysans s'assemblent, jaloux de *faire les
hommes*, en exerçant leur droit de réunion. Dans
le peuple, être membre d'une chambrée, c'est re-
vêtir une sorte de robe virile ; on dit : « En telle
année je faisais ou ne faisais pas encore partie
de la chambrée. » A ce noyau, se joignent quelques membres dissidents d'une autre société, et
on choisit le nom que portera désormais l'association. Quelquefois on la met sous le vocable
d'un saint considérable du pays : *Saint Hermen-
taire* ou *saint Auxile;* sous le règne d'un préfet
à poigne, on choisit habilement un nom qui puisse
rendre l'administration clémente et l'autorisation facile. On s'appelle alors : *Les amis de l'ordre*, ou *Les enfants de la paix.* Mais un beau titre
pour une chambrée, un de ces titres qui excitent
l'envie et l'admiration des sociétés rivales, c'est
celui que personne ne comprend : *Les amis du
progrès*, c'est bien; *La philanthrope*, encore
mieux; *Les droits de l'homme*, voilà ce qui peut
s'appeler un nom !

La chambrée, ou pour parler comme les gens de Provence, *la Chambre*, que l'on appelle aussi *la Société*, est baptisée; la préfecture a donné l'autorisation, on a loué dans la vieille ville une chambre et une cuisine, il ne reste plus qu'à acheter le mobilier commun : quelques tables grossières, quelques brocs, verres et poêlons, et quatre de ces antiques lampes provençales, des *vioro*, composées d'un pied de fer ou en terre surmonté d'une boule de verre pleine d'huile, dans laquelle trempe une mèche fumeuse; puis, au jour de l'inauguration, chaque membre arrive, portant sur sa tête une chaise qui reste sa propriété individuelle. Quant au service, il est fait à tour de rôle par chacun des associés qui prend alors le nom de semainier.

Au début, *la Chambre* n'était qu'un lieu de réunion où les cultivateurs venaient, après une journée bien remplie, attendre l'heure du coucher et vidaient un verre de vin en causant de l'apparence des récoltes et du prix des denrées. Puis, l'hiver, pendant les *derniers jours* (les jours gras, les derniers jours... de carnaval), la partie jeune de l'Assemblée se cotisait, louait un tambourin. On amenait le soir les sœurs

et les filles, et tout ce monde dansait gaiement ;
les couples *carégnaient* (c'est le flirter des Anglais), et bien des contre danses se terminaient
par un mariage après la récolte des olives.

C'était l'âge d'or de la chambrée ; mais un jour,
une des fortes têtes de la réunion, un jeune,
qui avait *uno grosso litturo* (une grosse lecture,
beaucoup d'instruction), apporta un journal et
lut à haute voix un article dans lequel il était
dit : « Que l'avenir appartenait aux travailleurs,
que le peuple qui cultivait la terre avait le droit
de la posséder et qu'il fallait déclarer une guerre
à mort à l'infâme capital. »

Les vieux comprenaient de temps en temps, et
hochaient la tête sans rien dire, les jeunes cou-
vraient d'un murmure flatteur la voix du lecteur.

Celui-ci, fier de son succès de lettré, recom-
mença les jours suivants. Peu à peu, il eut des
envieux et des imitateurs ; tous ceux qui avaient
fréquenté pendant six mois l'école des frères, et
qui déchiffraient la lettre moulée, se mirent à
lire et à commenter les plus mauvais journaux,
et l'un d'eux amena un soir le fameux M. Raynaud, dit *mangegalline*, épicier failli et l'un
des chefs du parti rouge.

7.

M. Raynaud vint débagouler, en provençal,
tous les lieux communs, toutes les rengaines qui
traînent sur les tables d'estaminet. Il avait
l'éloquence facile du fainéant qui a beaucoup
bavardé et la mémoire ornée d'articles de journaux, et quand il s'était embarqué trop légèrement dans une phrase dont il ne pouvait sortir,
il la finissait brillamment en français. L'audi-
toire ne comprenait plus et se regardait émer-
veillé en murmurant : « Aquéou charro ben »,
« Celui-là parle bien. » L'orateur emporta tous
les suffrages en dépeignant le propriétaire, le
maître, avec une ironie charmante, en plaignant
le paysan de son dur travail et en appelant les
sociétaires : « frères », ce qui lui gagna tout particulièrement le cœur de Basset, dit *Pati* (cloa-
que), cureur de puits de son état.

Il revint plusieurs fois, M. Raynaud ; il affilia
la société à *l'Alliance républicaine* ou à toute
autre forme de la Sociale, et pour séduire ces
pauvres gens qui ne savaient pas lire, il surex-
cita tous les besoins de luxe, tous les instincts
mauvais. Et quoi qu'ils en disent dans leurs journaux, quelles bourdes les émissaires du parti
républicain répandent dans le peuple ! quelles

grosses sottises ils lui font avaler! — Ainsi, il est parfaitement sûr que le paysan croit que si la vraie république, *la sainte*, *venait*, son bourgeois irait piocher la vigne, pendant que lui, Gros-Pierre, magnifiquement couvert d'une redingote marron, le regarderait suer au soleil, tout en buvant de la limonade gazeuse sous un olivier.

Ce levain de haine contre celui qui possède se traduit dans les chambrées d'une façon originale et naïve. Dans le langage plaisant, on affecte de parler du propriétaire comme s'il était le fermier et du fermier comme s'il était le maître.

— « Dis donc, Nique?(Dominique), ton fermier s'est marié.

—Eh! oui, Zozelé.

— Sais-tu qu'il a pris une *poulido fumello* (une jolie femme). »

Et la conversation continue souvent d'une façon obscène.

Car le jeune paysan est devenu débauché; au lieu de faire la cour à sa promise, sous le grand ormeau du marché, aux veillées du soir, il court à la chambrée se gaver d'échaudés et de foie de porc à la poêle, mets qu'il croit luxueux, et s'en

va chercher, pour finir sa nuit, des amours au
rabais.

— « Que voulez-vous, — disait l'un d'eux un
jour, — nous faisons les riches autant que nos
moyens nous le permettent. »

Aussi, la chambrée qui, au début, ne s'ouvrait
que le soir, est tout le jour occupée par quelques
oisifs. Dans nos villes du midi, les *travailladous*,
les travailleurs de terre, habitent en grand nombre dans ce qu'on appelle partout la vieille ville.
Tous les matins, ils partent pour aller aux envi-
rons cultiver le morceau de bien qui leur appartient en propre ou qu'ils tiennent à moitié du
petit bourgeois; d'autres, exploitant des terrains
plus importants et plus éloignés, restent dans
les fermes. Qu'un nuage passe sur le soleil et
laisse tomber quelques gouttes de pluie, le paysan quitte sa charrue et rentre à la maison.

— « Eh bien, tu ne fais rien, dit la femme?

— *Tè!* tu veux que je travaille par un temps
pareil? A quoi bon se laver la peau pour les
maîtres.

— Mais c'est bien pour toi aussi.

— Va bien. On sait ce qu'on sait; si le bien

nous appartenait... M. Raynaud nous parlait
l'autre jour...

— Qu'est-ce qu'il disait encore ce ruiné?

— Il disait que la terre... que c'est nous...
que, enfin, il faut nommer Gambetta, et que
tout ça changerait.

— Ton bavard de M. Raynaud, je voudrais
que le diable... »

La ménagère bougonne, le mari siffle un air,
va se changer et part pour la chambrée, brandis-
sant fièrement le parapluie de cotonnade rouge,
signe du ménage cossu. Au bout d'un quart
d'heure la pluie cesse, le soleil reparaît. « Heu!
dit notre homme, à présent que je me suis dé-
tourné (dérangé du travail), autant vaut que
j'aille voir les amis. »

Il arrive à la société, trouve nombreuse compagnie, parle, fume, boit, mange du foie grillé,
joue sa quote-part contre celle du voisin, perd,
continue à jouer et rentre chez lui à une heure
avancée, un peu gris et ayant perdu quinze ou
vingt francs de mangeaille et de boisson.

Le lendemain, il se lève brisé, ayant comme
on dit dans le peuple « mal aux cheveux et froid
aux yeux » il ne met pas de cœur à la besogne,

maudit le bourgeois, et se promet de voter pour MM. Cotte et Gambetta qui doivent le mener par la république dans ce pays de cocagne où on boit toujours du bleu sans être saoul, où on mange du foie de porc à la poêle toute la journée.

Et essayez de démontrer au paysan qu'on le trompe, qu'on le bafoue, qu'il ne doit pas, dans son intérêt même, voter pour MM. tels et tels qu'il ne connaît pas.

Il vous répondra :

— « *Voui, voui*, mais si je ne vote pas pour lui, les autres diront que j'ai peur, que je trahis, et je ne pourrai plus paraître. »

Et un monsieur Ferouillat se trouve député.

L. B.

Voilà le mal, — mais quel est le remède ?

Car, fermer les chambrées ne suffit pas, — à l'habitant des champs comme à l'habitant des villes — il faut des distractions, des plaisirs.

Eh bien, il suffit de se rappeler, — et de substituer des plaisirs amusants, à des plaisirs ennuyeux.

Il faut remettre en honneur et à la mode les

jeux d'adresse et d'exercice, — la paume, le ballon, — les boules, — la course, — le saut, — la natation, etc. — Il faut exciter l'émulation par des prix capables d'être désirés, des prix distribués dans des fêtes périodiques, auxquelles on donnerait un éclat joyeux, — la fête des semailles, la fête de la moisson, — la fête des vendanges, — et bien d'autres.

Surtout dans ces pays envahis aujourd'hui par la politique, — dans ces pays que la Providence avait voulu rendre heureux entre tous, en donnant à la terre une parure plus variée et plus parfumée, et aux habitants des besoins peu nombreux et faciles à satisfaire.

Où c'est un état de cueillir des roses, — et des fleurs d'orangers.

Dans ces pays qui font penser à ce que les Maures disaient de Grenade, — que « le Paradis est placé précisément dans la partie du ciel qui est au-dessus de Grenade ».

Dans ces pays où le mauvais temps est si rare, qu'on le demande... « histoire de changer ».

Et les *festins*, — les *romérages*, — la danse au son de la musette et du tambourin; — ces fêtes où les femmes et les filles, aujourd'hui laissées injustement et tristement à la maison, ont leur part, — et dont elles font l'ornement, le charme, la politesse... et même la police; — car vos bêtes de cafés, de cabarets, de chambrées, excluent les femmes de vos divertissements, les femmes dont la présence et la société vous civiliseraient et vous dégrossiraient; — tandis que vos réunions d'hommes, vos clubs, vos chambrées, vous font retomber en sauvagerie.

C'est devant les femmes que les jeunes gens disputeraient les prix des jeux d'adresse et d'exercice, — et leur présence doublerait la valeur des prix.

Il faudrait aussi que les curés fissent leur part dans cette régénération, — non pas comme on essaye de le faire aujourd'hui en exhumant de vieilles superstitions, — en s'occupant de dogmes obscurs et de miracles trop clairs, — qui écartent beaucoup de gens des cérémonies de l'Église.

En se bornant à la morale, — dans laquelle il ne peut y avoir ni sectes, ni hérésies, en cessant de prêcher contre la danse, — qui, après tout, vaut mieux que le cabaret, le café, les chambrées et la politique.

Il faudrait que, échappant à l'influence des
avocats et autres commis voyageurs en politique,
chaque ville, chaque village, n'eût à nommer, en
fait d'élections, qu'un habitant de la ville ou du
village, qui irait voter au chef-lieu. — Un dé-
légué qu'on connaîtrait depuis sa naissance et
qui connaîtrait le pays et les intérêts qu'il doit
représenter et défendre.

Mais qui s'occupe de cela? — Tout le monde
est absorbé par la « question politique », c'est-
à-dire les intrigues, les manœuvres, les menées,
— pour se hisser au pouvoir et à l'argent, ou
pour y pousser des associés et complices qui ont
promis de partager.

La république est la forme de gouvernement
la plus équitable, la plus puissante, la plus noble
de toutes. Elle peut admettre sans révolutions,
sans sinistres, sans désastres, tous les progrès,
toutes les modifications; elle peut même, grâce à
son élasticité, satisfaire aux caprices des « Athé-
niens couronnés de violettes » ἀθηναῖοι ἰοστέφαγοι —
sans exposer le pays à des convulsions.

De plus, il semble que ce soit aujourd'hui le
seul gouvernement possible pour la France, cet

ingouvernable pays, — et qu'on y descend par
la force invincible des choses, — il semble que
les obstacles ne peuvent que retarder, de temps
en temps, le cours de ce fleuve, l'obliger à décrire
quelques méandres, ou à briser ou surmonter
ces obstacles en grondant et écumant.

Seule la république ne renverse absolument
les prétentions et les espérances de personne,
elle ne fait que les ajourner, puisque la carrière
reste sans cesse ouverte. ·

Mes préférences raisonnées sont donc pour la
république.

Mais, il y a à la république un obstacle puissant, terrible, peut-être invincible, — qui l'a
déjà fait échouer deux fois, et paraît s'occuper
fort de la faire échouer une troisième, — c'est
le parti soi-disant républicain.

Et aucun des autres partis n'est en réalité
aussi hostile, aussi mortel à l'idée républicaine
que le parti soi-disant républicain.

C'est qu'il n'y a que peu ou point de républicains, — c'est que presque tous ceux qui se disent républicains et qui sont du « parti républicain », ont sur la république les idées les plus

fausses, les plus absurdes, les plus injustes, les plus dangereuses, les plus saugrenues.

D'abord, ils prétendent rester « parti » même sous la république ; — la république, selon eux, *appartient* à quelques groupes d'*ayant faim* et d'*ayant soif,* rassemblés autour d'un certain nombre de bavards ; — à peine au pouvoir ils se divisent entre eux les places, les fonctions, les traitements surtout, sans aucun souci des capacités, de l'intelligence, des études, du caractère ; — c'est une horde victorieuse qui se partage, ou plutôt s'arrache le butin.

Si bien qu'on peut dire de ce parti républicain — qui achève en ce moment de mettre à mort la troisième république, ce que je disais un jour d'une certaine ville : « Climat heureux, végétation luxuriante, ciel de saphir, un paradis où il n'y a, comme dans le paradis de la Genèse, que quelque chose de trop, les habitants. »

Nous voyons encore aujourd'hui les « chefs de ce parti » refuser publiquement de couper la queue de voleurs, d'assassins, d'incendiaires, qui forment dans leur armée le corps sur lequel ils comptent le plus.

Nous voyons ces chefs avides, ignorants, lâches,

tout prêts à récommencer ou à laisser recommencer et la terreur de 1793, et la terreur de 1871.

Si bien que nous sommes dans cette triste et presque inextricable situation :

« La république est aujourd'hui la seule forme de gouvernement possible, et elle est impossible. »

> Il vaut mieux tirer à la rame
> Que d'aller chercher la raison
> Dans les replis d'une anagramme.
>
> COLLETET.

Un journal bonapartiste racontait dernièrement que la *Gazette de France*, dans son numéro du 14 décembre 1848, s'était amusée à faire une anagramme.

Elle avait fait remarquer qu'avec les lettres qui composent les mots :

Louis-Napoléon Bonaparte,

On pouvait écrire :

Elu par la nation.

« Tout est dans tout », avec les 24 lettres de l'alphabet on peut écrire l'Iliade et l'Odyssée et même le toast de M. Piccon, ce n'est pas la pre-

mière fois que l'on s'amuse à de pareilles puéri-
lités.

La ligue trouva, dans *Henri de Valois*, vilain
Hérodes.

Comme anagramme, c'était mieux réussi que
celle de la *Gazette de France*, parce que toutes
les lettres d'une phrase étaient employées dans
l'autre, tandis qu'après l'opération de la *Gazette*
il en reste six ou sept qui n'ont rien de fatidique.

Après le 18 brumaire, car ces prédictions ont
malheureusement coutume d'être faites après les
événements, on trouva dans les mots :

Révolution française,

Un Corse la finira,

Et il ne restait que de quoi faire le mot *veto*,
alors à la mode.

Plus près de nous, sous le règne de Louis-
Philippe, — un ami, un rédacteur de la *Gazette
de France*, qui depuis se brouilla fort avec elle,
M. Antoine Madrolle, — se livra à des exercices
de ce genre très curieux ; — il commença par
écraser les Algériens d'une terrible anagramme,
c'était son arme favorite.

« *Algériens*, dit-il, ont pour anagramme heureux, *galériens*. »

Puis il passe à Napoléon Ier, il faut dire qu'alors
Napoléon Ier était détrôné depuis vingt-cinq ans,
et mort depuis dix-neuf ans.

M. Antoine Madrolle trouva l'histoire de Napoléon dans l'Apocalypse de saint Jean (ix.-11)
où on lit : « l'Ange de l'abîme s'appelle
Apolyon »

Et dans Jérémie, v -6,

« Le lion des forêts (ναπολεων) les frappa. »

De Apolyon, il est d'ailleurs facile de faire Napoléon, — en ajoutant νεον *nouveau, neapolyon,*
nouvel ange de l'abîme.

Et ensuite il décomposait le nom en retranchant
chaque fois une lettre.

Napoleôn	— ναπολεων	— nouvel ange de l'abîme
..apoleôn	— απολεων	— détruisant
..poleôn	— πολεων	— des cités
...oleôn	— ολεων	— le lion
....leôn	— λεων	— des peuples
.....eôn	— εῶν	— allant
......ôn	— ων	— étant

Puis en intervertissant un peu l'ordre des mots,
on obtenait pour résultat :

« Napoléon, le nouvel ange de l'abîme étant le lion des peuples, allait détruisant les cités. »

Ce n'est pas tout, M. Madrolle, passant du grec au latin et de l'anagramme à l'acrostiche, et prétendant que :

« Il n'est pas d'enfantillages pour la Providence », ajoutait qu'on aurait pu prévoir l'anéantissement de la famille entière des Bonaparte, — puisque chacune des lettres initiales de leurs noms forme le mot *nihil*, rien.

N apoléon
I osephus
H icronimus (Jérôme)
I oachimus (Joachim Murat)
L udovicus et Lucianus.

Après avoir livré ces belles choses à la publicité, M. Madrolle veut montrer qu'il ne frappe pas que sur les morts, il rappelle qu'il a houspillé sévèrement ses amis de la *Gazette de France*, de la *Quotidienne*, de l'*Ami de la Religion*, des *Débats*, etc.

Je ne parle pas des journaux libéraux, ça allait de soi-même.

« *Ce sont*, dit M. Madrolle en parlant des journaux légitimistes et religieux, *toutes choses dont j'aime, dont j'ai embrassé récemment encore les personnes, — mais l'attaque et même l'indignation, la haine selon la charité est la plus grande des charités.* »

Il n'est pas sans intérêt de voir M. A. Madrolle accuser les légitimistes, les Dahirel de son... temps, de « provoquer le radicalisme et les révolutions ».

« A la tête des journaux, dit-il, qui provoquent le radicalisme et les révolutions, cette *Gazette* usurpée *de France*, laquelle transformant sa soutane en bonnets rouges, et faisant de la *réforme* en rabat, s'est toujours mise et lourdement aux genoux de tous les pouvoirs qu'elle a redoutés pour elle-même (voy. l'histoire des variations de la *Gazette* par M. Crétineau-Joly).

» *L'Ami de la Religion,* assez discrédité, même dans le clergé, pour mériter l'épithète de *bedeau* de la littérature, dont il devrait être ecclésiastique, *L'ami de la Religion,* qui suffirait pour affadir la religion, comme la *Gazette* affadirait la France, etc.

» *La Quotidiénne,* manufacture de coteries

dans les coteries, de commérages, de michaude-
ries, — de colportage d'actions de 25,000 francs,
aujourd'hui cotées à 5 francs, — et se prétendant,
aujourd'hui qu'elle est *passée*, le *Journal de l'A-
venir*.

» Et le *Journal des Débats*... le *Julien*, le *Juif*,
le *Judas*... etc[1]. »

Saperlipopette... ça n'est pas de main-morte.

M. Veuillot ne fera pas mieux le jour où il se
brouillera avec ses amis d'aujourd'hui, ce que ne
considéreront pas comme impossible ceux qui ont
lu dans les *Guêpes* l'histoire de quelques-unes de
ses « variations » à propos de la république et de
la royauté.

Lorsqu'il fut question de l'annexion de Nice et
de la Savoie à la France, je m'y montrai très opposé dans divers écrits que je publiai alors.

Je suis ennemi irréconciliable des conquêtes,
des annexions, etc., et cela autant dans l'intérêt
des conquérants que des conquis, des « annexants »
que des annexés.

Je crie alors aux conquérants et aux « an-

---

1 *La grandeur de la patrie et ses destinées,* par A. Madrolle.

8

nexants, » aux rois cueilleurs de palmes et mois-
sonneurs de lauriers : « Mais, malheureux, vous
en avez déjà trop de pays et de sujets pour la façon dont vous les gouvernez.

» Vous faites entrer malgré elles dans votre
famille des populations qui seront ennemies pendant cent ans, etc. »

Je conseillai donc alors aux habitants de Nice
de bien réfléchir, de comprendre qu'ils allaient
renoncer à être Italiens au moment où l'Italie re-
naissait, — pour devenir Français au moment où
la France voyait la liberté s'endormir pour un
temps sous l'empire.

Je leur disais : « On va vous consulter, je sais
bien quelles influences on fera agir, — mais si
vous mettez résolument dans les urnes un nombre de NON considérable, on n'osera pas vous
annexer. »

J'ai encore un écrit signé de noms très honorables que m'adressa alors, pour me remercier,
une commission italienne.

L'annexion néanmoins fut prononcée à une immense majorité ; — je pris alors la parole dans
les journaux du pays, et je dis : « Vous l'avez

voulu, la chose est faite; — comme cette situation ne pourrait plus changer sans honte ou sans désastres pour la France, vous trouverez tous les Français et moi-même, si contraire au principe des annexions, résolus à maintenir celle que vous venez d'accepter. »

La ville de Nice, depuis son annexion, a sous certains rapports acquis de grands développements. — Quelques habitants constituent encore, il est vrai, un parti *séparatiste*, — ce parti comme beaucoup d'autres partis, compte un petit nombre d'esprits honnêtes, convaincus, élevés, mais aussi des gens qui aiment mieux être mécontents d'un gouvernement quelconque, que d'être mécontents d'eux-mêmes, — qui se plaisent à attribuer au gouvernement français, comme ils l'attribueraient demain au gouvernement italien, les résultats de leur paresse ou de leur incapacité. — Si ce parti italien a fait sans grand danger quelques tentatives de désordre, — ces tentatives sont dues aux suggestions d'un ou deux hommes qui, après avoir favorisé traîtreusement l'annexion, ont dû à cette opération une fortune rapide et scandaleuse, et feignent, pour se faire pardonner, par certains

aveugles, moins la trahison que la fortune, une
haine irréconciliable, mais prudente contre la
France.

Or, un de ces jours derniers, un des députés
des Alpes-Maritimes, — *il signor Piccone*, — a
mis en lumière un grand et triomphant argument
contre les banquets politiques, la faconde des balcons d'auberges et l'éloquence entre deux vins.

Il y a bien longtemps que je me suis élevé contre
cette sotte idée de traiter des affaires et de la fortune d'une nation dans un lieu, et dans une situation où personne ne voudrait traiter de l'achat
ou de la vente d'un porc ou d'un sac de blé, —
idée que j'avais traduite ainsi : « La patrie est en
danger, mangeons du veau. »

Les Français ont été sévèrement punis pour « le
crime du veau », comme dit la Genèse ; c'est à un
banquet imaginé par de grands citoyens qui n'ont
pas osé y assister, qu'est due la révolution de 1848,
et ensuite l'Empire, et ensuite la guerre contre la
Prusse et la Commune.

Toujours est-il que M. Piccone est un avocat
déjà âgé, qui a voté pour l'annexion, ou l'a
acceptée, puisqu'il a sollicité et obtenu l'honneur

de représenter, dans une assemblée française, les Alpes-Maritimes, et a prêté serment à cette occasion.

De plus, lors de son entrée à l'Assemblée de Tours, le 9 mars 1871, il a publiquement protesté de son dévouement à la France et affirmé que c'était lui faire une grande injustice que de le croire séparatiste, etc.

Eh bien, cet honorable représentant, — un des jours de cette semaine, s'est trouvé à un banquet, où, malgré les instances de quelques amis, il a cru devoir prendre la parole ; voici les choses que les auditeurs qui se sont cru le jouet d'un rêve, ont entendu sortir d'une bouche d'ordinaire prudente et qui a prononcé, en d'autres temps, des paroles complètement contraires :

« En présence de ces chers compatriotes italiens, mon cœur tressaille de joie, et je sens renaître en moi toutes mes aspirations et tous mes sentiments italiens.

» J'ai la ferme confiance que, *dans un temps que je ne crois pas éloigné*, cette belle Nice, cette Iphigénie, cette héroïque sacrifiée, cette rançon de l'indépendance italienne, *reviendra à sa vraie patrie*. Pour cela, je serais prêt à sacrifier tous mes intérêts et ma famille, et vous savez si je l'aime!

» Si, pour ce beau jour, je n'étais plus de ce monde pour saluer le retour de Nice à la mère-patrie, mes cendres électrisées, j'en suis certain, renaîtraient pour me permettre de prendre part à la fête commune! »

On assure que, le lendemain, M. Piccone a été bien étonné lorsqu'il a vu son toast imprimé; — il a compris sans doute qu'après une pareille incartade, il ne pouvait guère s'empêcher de donner une démission que la Chambre devrait lui imposer.

Et comme c'est, paraît-il, un homme pas méchant, inoffensif et assez aimé, — j'ai cru devoir prendre sa défense, en faisant savoir en France que le repas était assez avancé, qu'il faisait chaud, et que les vins du pays tels que le *Bellet* et le *Braquet de Bellet* sont extrêmement capiteux.

L'affaire du député Piccon — « qui s'est noyé dans un verre de vin comme d'autres mauvais nageurs se noient dans un verre d'eau » n'a été, pour Bergondi, que la goutte qui a fait déborder le vase.

Je me rappelle un exemple étrange d'un suicide déterminé ainsi et d'une façon plus extraordinaire, par un incident cette fois insignifiant.

J'ai connu un peintre, élève d'Isabey — appelé Eugène de R*** ayant lui-même quelque talent, mais une paresse qui annulait ce talent; il avait éprouvé et supporté sans plier à peu près tous les malheurs imaginables; — il était pauvre, harcelé par des créanciers; une femme qu'il aimait et qui, par son travail, — elle donnait des leçons de piano, — avait apporté une sorte d'aisance momentanée dans la maison, avait pris un amant et avait mis E. de R. à la porte.

Il n'avait pas bronché; — il fumait sa pipe avec la même sérénité, ne se plaignait jamais — et on n'avait pas vu diminuer une certaine gaieté calme et froide qu'il possédait.

Un jour il va se promener à Saint-Germain — avec l'intention de rentrer dîner à Paris — il monte au pavillon de Henri IV sur une espèce de tour — se fait servir de la bière et allume sa pipe; — là il s'oublie, et tout à coup entend siffler une locomotive qui part en se couvrant d'un panache de fumée, c'est le train qui devait le ramener à Paris. « Ah! s'écria-t-il, c'est trop fort, c'est trop..... » il se jette la tête en bas du haut du pavillon et se brise le crâne sur le pavé.

Il avait du malheur, du guignon, ce qu'il en pouvait porter, ce qu'il en *tenait* — cette goutte faisait déborder le vase.

Romieux, du temps qu'il était journaliste, disait : « Les journaux quotidiens ont un défaut, c'est qu'il faut les faire tous les jours — la veille, comme le veau froid. »

Voyez aussi les grands carrés de papier s'évertuer à remplir le vide que leur fait la prorogation ; — comme les Sept sages du *Banquet* de Plutarque, ils se proposent mutuellement des énigmes, des charades, des *devinettes ;* — quelques-uns vont jusqu'à s'intercaler à la littérature, et rendent compte d'ouvrages dont l'auteur ou le libraire ont déposé à leurs bureaux les « deux exemplaires » d'usage, depuis six mois.

De là l'importance donnée à l'incident de Piccon.

Un toast ridicule d'un vieil avocat léger qui avait bu.

Les journaux sont tombés sur cette proie, selon une locution populaire, comme « misère sur pauvreté ».

Piccon est célèbre, Piccon est illustre, Piccon
est aujourd'hui connu du monde entier, et il serait renommé aux prochaines élections si on ad-
mettait le système de M. de Girardin, c'est-à-dire
plus de département, plus de circonscription; —
chaque électeur mettant sur son bulletin un seul
nom, — et les six cents Français dont les noms
auraient réuni le plus de suffrages envoyés à
l'Assemblée.

C'est un des rêves les plus saugrenus qu'ait
jamais faits « le premier de nos publicistes »
comme l'appellent certains journalistes, don-
neurs de sobriquets, qui dînent chez lui.

Je ne traiterai pas sérieusement cette idée peu
sensée, je n'y ferai que deux objections : la première, c'est qu'il y a pour les départements, pour
les arrondissements des intérêts particuliers
et locaux qui doivent être représentés et défendus — et dont ces notoriétés prises à même
la France, et presque toutes à Paris, ne sauraient
pas le premier mot.

La seconde est qu'il n'y a pas six cents
hommes qui soient connus par tout le monde
en France, que les suffrages tomberaient sur un
petit nombre de noms connus et surtout de noms

à la mode, — les lions du moment, — par suite de quoi on enverrait à la Chambre six cents Parisiens, — si, par hasard, ce que je ne crois pas, on en trouvait six cents, — dont quatre cents romanciers, musiciens, peintres, sculpteurs, journalistes, acteurs, chanteurs, etc., et deux cents phénomènes, repris de justice, pas toujours pour la politique, — ou auteurs d'une extravagance commise dans la semaine des élections.

Le jeune homme qui a avalé la fourchette serait sûr de son élection; — on renommerait l'avocat Piccon, et peut-être M. de Girardin qui, depuis son enthousiasme pour la guerre de Prusse qui lui a fait en plein Opéra se jeter hors de sa loge en criant : à Berlin! à Berlin ! — ne pourrait trouver dans un seul arrondissement un nombre de naïfs suffisant et n'aurait pas trop d'écrémer toute la France de ses crédules.

Un avis pour les marchandes de modes et les femmes à court d'inventions : ne serait-il pas opportun de rechercher ce que c'était que la coiffure *Hurlu-brelu* dont parle madame de Sévigné? Il est vrai qu'elle paraît peu séduite par cette nouveauté d'alors :

« Les coiffures *Hurlu-brelu*, dit-elle, m'ont fort diverti; il en est que l'on voudrait souffleter. La Choiseul ressemblait, comme dit Ninon, à un printemps d'hôtellerie, comme deux gouttes d'eau. »

Ne serait-il pas également nécessaire de retrouver ce que c'était que cette « souris qui faisait si bien dans les cheveux noirs » de la belle-sœur de madame de Grignon.

Qu'est-ce aussi que « deux petits fers qu'on se mettait à la coiffure » et cette mode faisait des martyrs.

Ces deux petits fers s'enfoncent dans les tempes, empêchent la circulation, font des abcès : les unes en meurent, les autres, plus heureuses, n'en ont que le visage allongé d'une aune, pâles comme des mortes... mais la jeunesse qui revient de loin se remet avec le temps.

Rappelons aussi une madame de Montbrun *qui s'entourait et s'enveloppait de couronnes — qui trouvait madame de Grignon négligée de se montrer sans rouge et de laisser voir la couleur de la chair et des petites veines.*

Elle croit qu'il est de la bienséance d'habiller son visage, et parce que vous montrez celui que

Dieu vous a donné, vous lui paraissez toute négligée et déshabillée.

Puisque je suis en train de citer, empruntons à Lady Morgan quelques lignes sur les modes qu'elle trouva à Paris en 1816.

« J'ai souvent, dit-elle, assisté à la toilette de quelques-unes de mes amies de France, et je m'amusais beaucoup des questions que leur faisaient leurs femmes de chambre sur le sujet important de la toilette du jour. « Quelle coiffure » madame a-t-elle choisie ? Veut-elle être coiffée » à la Ninon ou à la grecque ? Madame est char- » mante à la Sévigné, et superbe à l'Agrippine. » L'humeur de la belle personne décide de la parure du jour, et lance dans le monde une fière républicaine avec une tête à la romaine, ou une royaliste outrée « frisée naturellement » à la Pompadour. « Je suis bien malade aujourd'hui, » disait l'aimable Joséphine, qui, malgré son sang, était bien Française « : donnez-moi un chapeau » qui sente la petite santé. » On lui présenta un chapeau pour une santé délicate. « Mais fi donc ! » dit-elle : croyez-vous que je vais mourir ? » On lui en apporta un autre qui annonçait plus de

santé. « Allons, s'écria-t-elle d'un air languissant :
» vous me trouvez donc bien robuste ? » Je tiens
cette anecdote d'une personne de distinction qui
était à son lever, qui admirait ses vertus, et qui
riait de ses caprices. »

J'emprunte à madame de Genlis ce détail, que
c'est madame de Polignac, favorite de la Reine
Marie-Antoinette, qui « imagina la mode de ra-
battre les cheveux de manière à cacher le front,
la seule chose défectueuse de sa figure — ce qui
rendit son visage tout à fait ravissant ».

J'emprunte, et à je ne sais plus qui, ces deux
faits que je trouve dans ma mémoire :

L'un, qu'il y avait autrefois en France, sous
Louis XIV, Louis XV et Louis XVI, des dentelles
d'hiver et des dentelles d'été.

« Comment, monsieur, dit une femme de la cour
à un de ses amis, en regardant ses manchettes....
de la *malines* au mois de mai !

— C'est que je suis enrhumé. »

On connaît une lettre de Louis XV au maréchal
de Richelieu où le roi parlant de lui-même à la
troisième personne, comme César dans ses com-

9

mentaires, avec cette différence que César, parlant de lui-même, dit simplement « César »
tandis que Louis XV se désigne par ces mots :
« Sa Majesté ». Dans cette lettre le Roi fait part
au gentilhomme, qu'il appelait son ami, d'une
décision importante qu'il a prise au sujet des
parasols, question qui avait beaucoup agité la
cour.

« Sa majesté, dit-il, a décidé l'affaire des parasols ; et la décision a été que les dames et
les duchesses pourraient en avoir à la promenade. »

Mon Dieu ! chacun veut le salut du pays ; mais
le mal est que chacun veut le faire soi-même
avec le titre et surtout le traitement y attaché.

On a écrit de Rome que « le 9 avril 1874, Sa
Sainteté Pie IX a reçu en audience publique lady
Herbert ». — Cette dame, dit la note reproduite par plusieurs journaux, après en avoir
demandé la permission au Souverain Pontife, a
« chaussé ses lunettes vertes » et lui a lu un
discours, — après quoi « elle a offert au Saint-
Père une somme de quatre-vingt-dix mille francs,

produit d'une quête faite en Angleterre parmi
les jeunes filles pauvres. »

Le pape, disent les journaux qui ont publié ce
fait, l'a remerciée cordialement « et lui a, à son
tour, adressé un discours ».

Aucun journal ne reproduit ce discours, qu'un
hasard heureux et la complaisance d'un ami ont
mis sous mes yeux.

Il m'est difficile de comprendre pourquoi les
journaux, se disant exclusivement catholiques,
qui donnent parfois une publicité fâcheuse à
d'autres discours de Sa Sainteté, ont gardé le
silence à l'égard de celui-ci. En effet, les fidèles
ont souvent vu avec chagrin, dans les allocu-
tions, dont le chef de l'Église n'est pas avare, un
peu d'exagération quant à sa prétendue captivité, et un attachement aussi puéril que peu
chrétien au pouvoir temporel, dont plusieurs de
ses prédécesseurs au siège de Saint-Pierre ont
si malheureusement abusé.

Tandis que le discours que les mêmes journaux ont omis de reproduire respire d'un bout
à l'autre et le sentiment évangélique le plus
pur, et le mépris des richesses dont le Christ et

ses apôtres et les premiers évêques ont donné
de si salutaires exemples, et cette charité, cet
amour des pauvres que l'Homme-Dieu a si élo-
quemment prêchés à ses disciples.

J'ai attendu une semaine, croyant chaque
jour, mais en vain, voir ce discours imprimé —
et aujourd'hui je prends le parti de le publier
moi-même.

« Ma chère fille, lady Herbert, a dit le Saint-
Père — je vous remercie cordialement et je vous
charge de remercier pour moi les jeunes filles
pauvres d'Angleterre du présent que vous m'of-
frez de leur part.

» A ce sujet, je vous adresserai quelques questions auxquelles je vous prie de répondre avec
une entière franchise et une complète liberté.

» Vous comprenez, ma chère fille, que mes regards se portent sans cesse sur la grande famille
qui m'a été confiée, sur le monde chrétien, et
que, autant qu'il est en moi, je me tiens au courant de ses intérêts, de ses besoins, de ses douleurs et de ses joies.

» On m'a dit et j'ai lu d'étranges choses à propos du pays que vous habitez. — Ces renseigne-

ments sont peu conformes aux apparences, et je
profite de l'occasion qui se présente pour savoir
de vous s'ils sont tout à fait inexacts ou exa-
gérés.

» L'Angleterre passe dans le monde pour la
plus riche des nations modernes; — c'est chez
elle, ai-je lu, que le temps et le travail ont
accumulé le plus de capitaux, créé le plus d'instruments de production et conséquemment de
richesse et de puissance. — L'Angleterre couvre
les mers de ses flottes, son pavillon recule son
empire jusqu'aux limites du monde, toutes les
parties du globe sont tributaires de sa marine
et de ses manufactures; — elle a conquis, dans
l'Inde seulement, cent vingt millions de sujets
qui à la fois travaillent pour elle, et lui achètent,
de gré ou de force, les produits de ce qu'on est
convenu d'appeler « la mère patrie » même quand
on pourrait l'accuser de se montrer quelquefois
un peu marâtre; — elle exerce parfois avec une
énergie extraordinaire une sorte d'épicerie à
main armée comme elle l'a fait à l'égard des
Chinois, « clients malgré eux », qu'elle oblige à
lui acheter l'opium qui les rend idiots et qui les
tue; — l'Angleterre semble avoir atteint le plus

haut degré de richesse auquel une nation puisse parvenir.

» Suis-je bien renseigné? »

Ici l'honorable lady Herbert témoigna par un signe d'assentiment que cette opinion, si flatteuse pour sa nation, était fondée sur les faits et sur la vérité !

Le Saint-Père continua :

« Mais, est-il vrai également que ce brillant tableau a un triste envers? Est-il vrai que la plus riche des nations est en même temps celle qui compte le plus de pauvres, et celle chez laquelle la misère présente l'aspect le plus déplorable? »

Lady Herbert ne répondit pas.

« Je vais, continua Sa Sainteté, vous répéter ce que j'ai lu et ce qui m'a été dit à ce sujet :

» On m'assure que cette nation si riche a la plus grande partie de sa population réduite à la misère, et qu'on ne connaît pas la misère quand on ne l'a pas vue en Angleterre. — J'ai lu dans une revue Britannique, la *Quarterly review*, que la généralité de la population chez vous èst condamnée à une pauvreté sans remède et ne soutient sa misérable existence que par le secours

d'une charité que détermine la crainte de son
désespoir.

» J'ai lu dans *Westminster review* que le
paysan lui-même, moins malheureux cependant
que l'ouvrier des manufactures, descend par degrés vers une situation que bientôt il ne pourra
plus supporter.

» J'ai lu que, à une date assez récente que j'ai
oubliée, on comptait en Angleterre un misérable
sur treize individus. — J'ai lu, dans un rapport
d'un médecin anglais, que les habitations des
ouvriers pauvres, à Londres même, sont infé-
rieures aux plus sales étables.

» J'ai lu aussi que la misère amène, non seulement les hommes, mais aussi les femmes de
cette classe, à une hideuse ivrognerie — et que
cette même misère jette un nombre effroyable
de femmes, de filles et même d'enfants, dans la
prostitution; — un magistrat anglais évaluait
le nombre des prostituées, à Londres, à 50 000;
— un autre, à 80 000 — et M. Talbot, secrétaire
d'une société de moralisation, dit « qu'il n'y a pas
» de pays, pas de cités où la prostitution soit pra-
» tiquée si ouvertement, si systématiquement et
» avec une telle étendue qu'en Angleterre et à

» Londres »; et il ajoute que « chaque année
» la maladie et le suicide enlèvent à Londres,
» 8 000 prostituées ».

» Dites-moi, ma chère fille, continua le Saint-
Père, si on m'a trompé ou si ces faits déplorables
sont conformes à la vérité. »

Lady Herbert — baissa la tête, rougit et re-
connut que ces faits étaient vrais.

« Alors, dit le Saint-Père d'une voix éner-
gique, vous allez remporter cet argent. — Ne
servît-il qu'à sauver chez vous quelques centaines
de femmes de la misère et de la faim, de l'ivrognerie, de la prostitution, il sera employé plus
utilement, plus chrétiennement qu'à être donné
à un serviteur de Dieu — qui est très riche et
qui d'ailleurs, ne le fût-il pas, a devant les yeux
l'exemple du Christ qui a vécu pauvre toute sa
vie — n'a jamais possédé qu'une seule robe, —
n'avait pas une pierre pour reposer sa tête, et a
dit à ses disciples, ainsi que le rapporte l'apôtre
saint Luc :

Ne vous mettez point en peine de ce que vous
mangerez ou boirez, ni comment vous serez
vêtus.

Vendez ce que vous avez et donnez-le en au-
mônes.

» Donc, ma chère fille, lady Herbert, vous
allez reporter cet argent chez vous et le distri-
buer avec discernement à vos pauvres compatriotes pour en retirer, du moins un certain
nombre, et de la misère et des vices qu'elle en-
gendre fatalement.

» Sur quoi, au nom de Dieu, je vous donne
ma bénédiction apostolique pour vous et pour
celles qui vous ont envoyée. »

Lady Herbert s'agenouilla devant le Pape,
baisa sa mule et remporta les quatre-vingt-dix
mille francs en Angleterre où ils vont avoir l'em-
ploi que le Saint-Père a prescrit.

Il me semble qu'un tel acte et un tel discours
méritaient la publicité, au moins autant que les
cancans politiques rapportés ou inventés quoti-
diennement par les journaux.

Il paraît que M. Jules Favre et mon vieux bon
et spirituel camarade Legouvé s'en vont distri-
buant le pain de leur parole, — en Belgique.

E. Legouvé n'a pas hérité seulement de l'im-

mortalité de son père, il a reçu aussi de lui le
culte de la femme et il a accru ce gracieux héri-
tage en joignant au culte quelques essais de culture.

La femme, ses charmes, son éducation, son
rôle, ses droits, ses devoirs, sont sans doute le
sujet fécond de ses conférences.

Mᵉ Jules Favre, dont l'éloquence a passé de
tout temps pour être plus aigre que suave, —
paraît avoir changé de muse et marche sur les
traces de Legouvé; mais, en qualité de membre
du parti pseudo-républicain et d'ex-révolution-
naire, ce qu'il traite surtout, c'est la question
« des droits ». — ce thème n'est pas sans danger
quand on ne considère pas les droits comme
l'envers des devoirs; — c'est un thème semblable,
opiniâtrement développé dans les journaux, dans
les clubs, aux balcons, qui a enivré et empoi-
sonné une partie du peuple français, — abêtis-
sant les uns, rendant les autres furieux, tous
misérables.

Je n'ai vu que dans la rue les femmes belges,
lorsque, quittant la France en 1852, après le
crime de Décembre, j'allai serrer la main de

quelques amis réfugiés en Belgique, où je ne restai que peu de jours, pensant avec raison que, puisqu'il fallait quitter la France, il était sage de se diriger du côté du soleil.

Je ne puis donc savoir quelle est la situation que font aux belles belges et les lois et les mœurs de leur pays. — Quant à la France, c'est une autre affaire, j'en sais quelque peu plus long.

Les femmes, en France, ne possèdent aucune puissance, mais elles en exercent une immense; — les lois les traitent en mineures, en enfants, les mœurs les traitent en divinités ; — du moins, pendant une partie de leur vie, pour celles qui ne sont que belles ou jolies, pendant toute leur vie pour celles qui ont de l'esprit et de la bonté, et savent rester femmes en cessant d'être jeunes femmes, — et continuer à dérouler le peloton de leur vie féminine, au lieu de rompre le fil en le tendant trop pour essayer d'étirer la partie déjà dévidée.

Les femmes en France ne peuvent rien faire, il est vrai, mais elles font tout faire, — à moins qu'elles n'empêchent tout.

Il est des femmes qui réclament amèrement et aigrement les droits, parce qu'on ne les a pas mises à même de pratiquer les plus doux des devoirs, et qui demandent l'égalité; — je suis tenté de dire : — Et nous aussi nous la demandons aux femmes en faveur de leurs tyrans idolâtres.

L'homme et la femme ne sont que les deux moitiés de l'être humain, — une jolie idée mythologique voulait que cet être humain n'eût été séparé qu'à la sortie du « jardin des délices », et qu'une taquinerie nouvelle eût mêlé toutes ces moitiés comme un jeu de cartes, ou comme la fée Grognon dans le beau conte de « Gracieuse et Percinet » mêle les plumes de tous les oiseaux que la « belle et infortunée » *Gracieuse* doit réunir par petits tas appartenant à chaque oiseau « entre deux soleils ».

Les moitiés séparées se sont mises à se rechercher à travers le monde, ce qui amène des erreurs, des quiproquos, des essais; mais quand le deux vraies moitiés se retrouvent et se réunissent, la vie redevient pour elles le « jardin des délices ».

Et qui n'a pas un jour rencontré une femme qu'on voit pour la première fois, et que cependant on croit reconnaître, et à laquelle, au lieu des paroles banales d'une première conversation, on est tenté de dire : Enfin! te voilà, et je te retrouve.

Il n'y a que sottise à faire des comparaisons entre l'homme et la femme, et des disputes de préséance et de supériorité.

A condition que la femme soit bien femme, et que l'homme soit un vrai homme, — la femme, en tant que femme, est infiniment supérieure à l'homme, qui lui est supérieur, à son tour, dans ses fonctions d'homme. — Cette comparaison n'a dû avoir lieu qu'après que certains hommes se sont efféminés et ont aimé les bijoux, les dentelles, et se sont fait friser, — après que certaines femmes ont essayé de prendre des airs et des allures viriles, et d'afficher des idées et des sentiments masculins.

La femme a, dans la vie, ses fonctions physiques et morales par lesquelles l'homme ne peut la suppléer, et sans lesquelles l'homme est un être incomplet ; — l'homme a ses aptitudes et ses fonctions que la femme ne peut usurper sans devenir ridicule, odieuse, répugnante.

L'égalité ne consiste pas à être et à faire tous la même chose; l'égalité consiste à s'acquitter également bien, également librement, chacun de ses fonctions particulières.

L'homme doit être le ministre des relations extérieures, du commerce et de la guerre.

A la femme appartiennent les ministères de l'intérieur et des finances.

La femme égale de l'homme, c'est la femme du sauvage; lui, va à la chasse et à la pêche et rapporte du gibier et du poisson; — elle, fait cuire le gibier et le poisson pour les repas, — et coupe, taille et coud les vêtements avec les peaux de bêtes sauvages ou la laine des troupeaux.

La femme égale de l'homme, c'est la femme du porteur d'eau, — lui est dans les brancards, elle accroche sur le côté une sangle avec laquelle elle tire une part moindre, mais une part, — sa part.

Mais la femme dont le mari travaille, et qui, elle, ne dirige pas sa maison avec une sage éco-

nomie, ne nourrit pas ses enfants, — passe une
partie de son temps dans les rues et dans les endroits de réunions, la femme qui n'a pour occupation que de « s'habiller, babiller et se déshabiller », cette femme-là n'est pas l'égale de son
mari. C'est une femme « légalement entretenue ».

Mais je me laisse entraîner, — revenons à notre sujet :

La France n'a-t-elle donc plus besoin d'ensei-
gnement, que nos notoriétés vont professer leurs
doctrines à l'étranger ?

Tout va-t-il donc chez nous le mieux du
monde, que nous ayons le loisir de nous occuper
d'éclairer et de moraliser les autres, et ces pauvres Belges ont-ils tant besoin de nos leçons et
de nos exemples ?

Hélas ! il faut le reconnaître, les Belges sont
plus sages que les Français, et la preuve c'est
qu'ils sont plus heureux ; — ils jouissent d'une
liberté réglée par les lois de façon à ce que la liberté de chacun ait pour limite la liberté des
autres ; et ils obéissent aux lois, ce qui est le seul
moyen de n'avoir jamais à obéir qu'aux lois.

Donc, en fait de bonnes doctrines, de sages leçons, de principes salutaires, il ne me semble pas que nous ayons plus que le nécessaire et le besoin, et conséquemment ce n'est pas encore le moment de travailler en ce genre pour l'exportation.

Aux temps racontés par Plutarque, où les rois envoyaient des énigmes à deviner aux philosophes, il en est une qui est restée célèbre.

Amasis, roi d'Égypte, conseillé par Bias, répondit à un roi d'Éthiopie qui l'avait défié de boire la mer, en mettant pour enjeu plusieurs villes et leurs habitants : « Je boirai la mer, mais je ne boirai que la mer, — commencez donc par détourner les fleuves et les rivières qui s'y jettent. »

Cette solution pourrait s'appliquer au suffrage universel ;

Oui, le suffrage de tous peut amener de bons choix et de bonnes élections, mais à condition de supprimer les influences étrangères, les cabarets, les cafés, les journaux, les clubs, les balcons, etc.

Et vous ne pouvez guères plus supprimer tout

cela, qu'empêcher les fleuves de descendre à la
mer, — alors vous ne pouvez « boire la mer ».

Mais il faudrait lutter courageusement et opiniâtrément contre ces influences; — il faudrait
résolument descendre dans l'arène, — aux carrés
de papier il faudrait opposer des carrés de papiers; — aux images des images, aux orateurs
des orateurs; — aux associations des associations; — aux conjurations des conjurations; —
à des troupes disciplinées des troupes disciplinées.

Il ne suffit pas de suspendre, de supprimer
des journaux, de saisir des images, de défendre
des réunions. Il faudrait écrire d'autres journaux, dessiner d'autres images, provoquer d'autres réunions.

J'ai dit plus d'une fois, après avoir étudié toute
ma vie ces questions, comment il serait facile aux
soi-disant conservateurs de battre leurs adversaires sur le terrain de la presse, — mais où sont
les conservateurs?

Ah! si la société était franchement divisée en
deux camps; l'un combattant pour la justice et

pour les lois, comme l'autre combattant pour la violence et l'anarchie, — la lutte serait pour le moins égale, — mais elle ne l'est pas, parce que les ennemis de la Société l'attaquent avec ensemble, et se réservent de faire et probablement de se disputer les parts après la victoire et sur les ruines, — tandis que les soi-disant conservateurs divisent leurs efforts ; chacun veut protéger exclusivement sa part déjà faite ; personne n'est aux remparts de la ville attaquée, chacun se contente de défendre tant bien que mal sa propre maison.

Chacun des partis qui, se supposant réunis, s'intitulent conservateurs — est aussi éloigné, aussi ennemi pour le moins de ses associés que de ses adversaires.

Chacun espère, au jour du naufrage, flotter sur son morceau de bois, sur sa bûche ; on ne songe pas à faire de toutes ces bûches réunies un radeau, une arche qui sauverait tout le monde.

Chacun a son drapeau sous lequel il prétend réunir les autres qui ont chacun la même prétention à son égard ; on ne comprend pas qu'il ne s'agit pas de Henri V, de Bonaparte IV, de Louis-

Philippe II, de Mac-Mahon I, et de Broglie 0, —
qu'il s'agit de la société.

La partie serait égale si chacun mettait son
drapeau dans sa poche, — ou, si c'est un trop
grand effort à demander, si on accrochait tous
les drapeaux à la même hampe — et si, fût-ce
sous la culotte d'Arlequin, on obéissait résolument à une seule et même tactique, à une seule
et même discipline.

Mais, telle que la bataille s'engage, la partie
n'est pas égale — et le flot de l'anarchie et de la
barbarie gronde et va monter, — il monte déjà.

Je suis effrayé de voir que les soi-disant conservateurs reculent devant une réforme électorale radicale — et qu'ils s'avancent étourdiment
à une bataille aussi imprudemment engagée —
que la guerre contre la Prusse l'a été par l'Empire, sans alliances, sans troupes, sans vivres,
sans munitions.

Je l'ai dit, je l'ai répété sous toutes les formes,
— ceux même, et le nombre n'en est pas mépri-
sable, qui m'écrivent que j'ai raison, — ne font

aucun effort sérieux pour mettre en pratique ce
qu'ils approuvent — et ce qu'ils reconnaissent
être une voie de salut.

Je reviens donc aux prédications de Me Jules
Favre, — le vieux diable, — qui depuis quelque
temps parle beaucoup de Jéhovah et de la Bible
— et aux conférences de Legouvé.

Et je dis :

Le suffrage dit universel tel qu'il se pratique
aujourd'hui étant accepté, — il n'existe aucune
raison pour que les femmes soient exclues du droit
de voter, — du choix des représentants et du
gouvernement de la France dépendent, pour les
femmes aussi bien que pour les hommes, et leur
liberté et leur fortune, — la fortune et la vie
de leurs enfants.

Pour qu'elles fussent privées justement du suffrage, il faudrait établir que la plus intelligente
des femmes est encore moins intelligente que le
plus stupide des hommes ; tandis au contraire
que la femme naît mieux douée que l'homme ;
— voyez une petite fille et un petit garçon du
même âge, — voyez dans les classes sans culture, comme la femme est supérieure à l'homme,

— voyez comme, dans presque tous les ménages
d'ouvriers, ceux qui prospèrent sont ceux où
la femme conduit l'embarcation et « tient la
barre ».

L'homme, je le veux bien , je le crois même,
est plus capable d'acquérir, d'apprendre, de se
perfectionner, — même en faisant la part qu'ont
dans cette infériorité relative des femmes, leur
tempérament, leur éducation et nos mœurs.

Mais dans ce mode de suffrage, où c'est le
nombre seul qui décide; — les votants des
classes cultivées et plus ou moins éclairées ne
comptent que pour la moindre part de beaucoup.
Si on n'arrive pas à une réforme électorale sérieuse,

Si on veut continuer à décider tout par le
nombre, — de quel droit et pour quelle raison
enlèvera-t-on le droit de suffrage à la moitié des
membres de la nation ?

Je vote pour le vote des femmes.

La France a été, — et est peut-être encore
dans une grande perplexité;

On ne savait plus ce qu'était devenu le comte
de Chambord.

Le Roy,

Comme disent les journaux rouges, roses, tricolores, etc., se vengeant par l'y de l'u que les journaux légitimistes ont autrefois obstinément ajouté ou restitué au nom de Bonaparte, qu'ils écrivaient Buonaparte, — terribles représailles.

Le Roy avait disparu.

Aucun Dahirel, aucun Brun, aucun Belcastel, aucun Proculus n'affirmait l'avoir vu monter au ciel comme Romulus.

Qu'était-il devenu?

On le cherchait comme une épingle, — on le cherchait jusque dans les tiroirs.

Certains journaux du P. P. R. s'écrièrent un jour qu'ils l'avaient trouvé :

Il est en France!

Il est à Paris!

Il est à Versailles!

Un d'eux donna même son adresse exacte, le roi est chez M. de la Rochette, rue Saint-Louis, numéro 3.

A quoi un journal henriquinquiste répondit :

M. de la Rochette ne demeure pas rue Saint-Louis, mais rue Colbert.

Alors c'est qu'il est chez M. de Vaussay.

Il n'est pas chez M. de Vaussay.

Alors il est à Paris, quartier de François Ier, tout près d'un couvent.

Il est chez les pères rédemptoristes, — il est à Dampierre, chez la duchesse de Luynes,

Il est à Vienne,

Il est à Froshdorff,

Il est à Nanterre,

Il était hier matin au père Monsabré.

Il était hier soir à la *Fille de Madame Angot.*

On l'a vu aux courses, — il se cache dans l'égoût collecteur, — non, dans un souterrain des Tuileries, — il est déguisé en turc, — non, en joueur d'orgue, — non, en dame de la halle, — vous vous trompez tous... il s'est blotti dans l'armure de François Ier, — non, je l'ai reconnu sous l'habit d'un huissier de la Chambre des députés.

Et, encore aujourd'hui, les uns disent : il n'est et n'a été nulle part des endroits désignés, — il n'a revêtu aucun des déguisements cités.

Et les autres disent : il a habité, il a revêtu tour à tour et tous les endroits et tous les déguisements.

Je continuerai à traduire ce jeu plus innocent
dans les résultats que dans ses intentions, par les
phases du jeu des échecs.

Le roi blanc à la troisième case du chevalier,

Le roi à la quatrième case du fou de sa dame,

Le roi roque,

Le pion du fou du roi, un pas,

Le fou du roi donne échec,

Le fou prend le fou,

Le fou du roi à la seconde case de son roi,

Le roi à la case de son fou.

Sérieusement il n'y aurait peut-être qu'un
moyen de mettre d'accord le pays presque entier ;

Ce serait une *restauration de la légitimité.*

La France à peu près entière se lèverait contre
cette restauration.

Il y a trois générations aujourd'hui existantes,
dont la première déjà clairsemée sur le champ
de bataille de la vie, — *rari nantes* — date des
premières années de ce siècle : toutes trois ont
été nourries et élevées dans l'horreur de la restauration et du gouvernement dit « légitime et
de droit divin ».

Cette haine invétérée est poussée si loin non seulement par un grand nombre de républicains modérés, mais aussi par les bourgeois libéraux, qui forment la majorité des esprits en France, que vous les verriez se replier sur le parti soi-disant républicain et s'allier aux « pétroleurs », plutôt que de subir une nouvelle restauration.

Et, — je ne voudrais fâcher personne, mais l'amour de la vérité et ma conscience m'obligent à dire que le projectile le plus employé contre une pareille surprise si elle pouvait avoir lieu, serait le « trognon » de pommes.

Je reçois une fâcheuse nouvelle; un « ami » m'avait envoyé de Rome le discours de S. S. Pie IX à Lady Herbert, discours que je m'étais empressé de publier, le trouvant de tout point chrétien et évangélique. Eh bien! il paraît que cet « ami » n'est pas un ami — que, au contraire, il a abusé de ma crédulité, — que ce discours n'a pas été tenu, et que Pie IX a tranquillement encaissé les quatre-vingt-dix mille francs.

Un journal italien qui se publie à Rome, l'I-talie, avait, — d'après les *Guêpes*, — publié ce discours et avait, comme elles, rendu un juste

10

hommage aux sentiments qui l'avaient inspiré.

Mais voilà que la *Voce della Verità*, journal catholique, ou journal officiel ou officieux de la cour de Rome, gourmande l'*Italie* à ce sujet.

Je lis en effet, dans ce dernier journal, les lignes que voici :

« La *Voce della Verità* nous a bien diverti hier soir, en nous prouvant, par les faits, qu'elle est d'une ingénuité à nulle autre pareille.

» Nous nous expliquons.

» Dans notre numéro du 23 avril nous avons reproduit, d'après les *Guêpes* d'Alphonse Karr et en citant la source, un prétendu discours du pape à lady Herbert, qui lui avait apporté quatre-vingt-dix mille francs au nom des bonnes et des cuisinières anglaises. Ce morceau de prose était tout empreint de cette... ironie dont le..... solitaire de la *Maison-Close* a... le..... secret.

» M. Alphonse Karr, vous vous le rappelez, faisait dire au pape qu'il ne pouvait pas accepter cette somme, parce qu'elle venait d'un pays où la misère est plus grande et plus affreuse que partout ailleurs, et Sa Sainteté terminait ainsi :

« Vous allez remporter cet argent ; ne servît-il

» qu'à sauver chez vous quelques centaines de
» femmes de la misère, de la faim, de l'ivrogne-
» rie, de la prostitution, il sera employé plus uti-
» lement, plus chrétiennement qu'à être donné à
» un serviteur de Dieu, qui est très riche, et
» qui, d'ailleurs, ne le fût-il pas, a devant les
» yeux l'exemple du Christ qui a vécu pauvre
» toute sa vie, — n'a jamais possédé qu'une
» seule robe, — n'avait pas une pierre où repo-
» ser sa tête. »

» Eh bien! hier soir, 1er mai, la *Voce della Ve-*
rità publiait un article de fond pour proclamer
nettement que nous avions été mal informé, et
que le pape, bien loin de refuser la somme offerte
par lady Herbert, s'est empressé de l'accepter. »

Pourquoi la *Voce della Verità* adresse-t-elle
son démenti à l'*Italie*, au lieu de l'adresser aux
Guêpes?

Dix journaux italiens : *Il Secolo*, de Milan, *Il*
Pungolo, Il Corriere di Milano, Il Rinnovamento,
de Venise, *La Nazione*, de Florence, etc., etc.,
enregistrent, avec des commentaires, le démenti
de la *Voce della Verità.* — C'est un éclat de rire
général.

Disons donc que nous avons été mal informés,
l'*Italie* par les *Guêpes*, les *Guêpes* par un faux
ami, — que le pape n'a pas tenu ce discours si
évangélique, et qu'il a encaissé les quatre-vingt-
dix mille francs, avec sérénité.

Je retrouve dans mes vieux papiers quelques
pages que j'ai écrites du temps du dernier empire, — je vais les reproduire ici.

Ça répondra une fois de plus aux bons petits
papiers rouges et aux bêtats qui m'ont appelé bonapartiste, parce que, ayant dit, quand l'empereur était à l'apogée de sa puissance, tout ce que
j'ai pensé et tout ce que j'ai voulu dire, — je
n'ai pas eu besoin de me mêler au concert d'injures, dont eux silencieux pendant son règne,
ils l'ont accablé après sa chute.

C'est à l'époque où l'impératrice faisait ce voyage
singulier, resté inexpliqué, — et dont, avec toutes
sortes de précautions, on blâmait les dépenses.

On s'occupe beaucoup en ce moment du prochain voyage en Égypte et en Turquie de S. M.
l'impératrice des Français, et on se récrie, à propos de la somme considérable qu'on prétend nécessaire pour cette excursion.

Je me vois obligé de constater douloureusement que, lors des prochaines cantates, il faudra
remplacer l'expression usitée « peuple français,
peuple de braves, » par

> Peuple français, peuple de pingres,

ou

> Peuple français, peuple de pleutres.

Je ne suis pas fâché de donner des rimes difficiles aux faiseurs de cantates.

Cherchez des rimes à pingres et à pleutres, ô
faiseurs de cantates.

Le voyage de S. M. l'Impératrice est, selon les
uns, un voyage d'agrément; selon les autres,
une dixième croisade ayant pour but de revendiquer et de reconquérir les « saints lieux ».

Si c'est un voyage d'agrément, qu'est-ce, ô
bourgeois! qu'une pauvre somme de quelques
millions pour l'Impératrice, comparée aux excur-
sions ruineuses que font vos *moitiés*, à Nice, à
Bade, à Trouville, etc.

Vous connaissiez l'Empereur actuel quand
vous l'avez élu président de la République. Vous
n'avez pas acheté « chat en poche ».

10.

Vous saviez sa vie publique et sa petite vie. La presse, qui prenait alors d'assez grandes libertés, ne vous a rien caché. Vous le connaissiez encore mieux, après le 2 décembre, quand vous l'avez nommé Empereur.

Vous saviez bien qu'entre ses qualités il ne fallait pas compter la simplicité d'Henri IV, qui se plaignait d'avoir des pourpoints troués au coude; ni celle de Frédéric II, chez lequel, à sa mort, on ne trouva que six chemises en assez mauvais état.

Il n'y avait aucune chance qu'il choisît pour la faire impératrice, une de ces « bonnes femmes », faites à l'exemple de la femme de Charlemagne, laquelle savait le compte de ses jambons, et se plaignait qu'on en eût « volé deux dans son cellier ».

Ils n'eussent été ni l'un ni l'autre l'empereur ni l'impératrice de l'époque où nous vivons. Et d'ailleurs, si vous aimiez la simplicité, vous eussiez gardé ce bon soliveau de Louis-Philippe, dont la femme ne sortait guère, et n'a jamais vu les petits journaux citer sa toilette. Pas plus, du reste, que celle de ses filles et belles-filles.

Si vous avez renvoyé Louis-Philippe, et si vous

l'avez remplacé par Louis-Napoléon, ce n'est pas, je le suppose, pour avoir plus de liberté.

Vous saviez parfaitement ce que vous faisiez : l'Empereur actuel avait beaucoup écrit, beaucoup agi en public. Vous l'avez nommé par deux fois à une immense majorité, donc il vous plaisait tel qu'il est.

On dit l'impératrice fort belle; je ne l'ai jamais vue, et ne puis donner mon opinion à ce sujet. De cette beauté vous avez, ô bourgeois! été fiers et heureux. Les journaux de modes et les petits journaux, qui ne le feraient pas s'ils ne pensaient pas vous être agréables, ne vous laissent ignorer aucune de ses toilettes. A chaque instant vous lisez, même dans les journaux politiques : L'Impératrice a présidé le conseil des ministres avec sagesse, cela va sans dire; mais aussi avec une robe de telle étoffe, de telle couleur, et on ajoute la description des « biais », des « volants » des « entre-deux », etc.

Et vous voudriez que votre Impératrice, reine de la mode en France, allât humilier la France à l'étranger, en y montrant des vieux chapeaux et des robes à la mode d'avant-hier !

- Il ne faut pas avoir des impératrices, ou il faut

s'en faire honneur. Tenez, lisez-moi un peu la petite anecdote que voici :

Vers 1570, à Londres, dans une taverne voisine de ce qui était alors la Bourse, un négociant anglais, nommé Thomas Gresham, prenait silencieusement son pot d'*ale*, dans un coin.

Son attention fut attirée par la conversation d'un juif allemand qui buvait et fumait à une autre table, avec quelques autres marchands, amis ou connaissances dont il prenait congé.

— Ainsi donc, vous partez, Samuel?

— Que voulez-vous? Voilà trois mois que j'assiège la cour, et je dois prendre pour une victoire, pour un succès, pour un bonheur, d'avoir enfin obtenu un refus formel et définitif.

— Et vous remportez votre *perle*?

— Oui, certes. La reine l'a gardée quatre jours, et je pense que ce n'est pas sans chagrin qu'elle m'a fait dire, en la rendant, qu'elle ne se décidait pas à faire une si grosse dépense.

— Vous demandiez? ...

— Vingt mille livres sterling.

— C'est un denier.

— Bah ! de l'argent, ça se trouve, les rois surtout, dans la poche de leurs sujets; mais une perle, unique par sa grosseur, par la perfection de sa forme, par sa couleur, par son éclat et sa limpidité, une perle dont la pareille n'existe pas dans le monde, ce n'est pas une occasion à laisser échapper pour une si grande princesse.

— Et qu'allez-vous faire ?

— Je vais aller l'offrir à la cour de France et à la cour d'Espagne, puisque cette pauvre reine n'a pas le moyen.

— Quand partez-vous ?

— Ce soir, à la marée.

Tom Gresham prit la parole, et dit au juif :

— Voudriez-vous, monsieur, retarder votre départ d'un jour, et me faire l'honneur de dîner avec moi tantôt; je prends la liberté d'inviter également vos amis et toutes les personnes qui nous entendent. Le dîner aura lieu dans cette salle même où nous sommes, et j'espère qu'il vous satisfera. Nous aurons pour convives quelques amis lapidaires et joailliers devant lesquels vous nous montrerez cette fameuse perle.

— Volontiers. Quant à la perle, je la porte toujours sur moi.

Tous les convives furent exacts. Le dîner était abondant et exquis.

Quand on arriva aux toasts, Thomas Gresham demanda à voir la perle. Le juif la sortit de son escarcelle, et elle fit le tour de la table : les joailliers surtout la considérèrent avec religion, et déclarèrent que le prix de vingt mille livres sterling n'était pas exagéré.

Thomas Gresham tira froidement d'un grand portefeuille la somme de vingt mille livres, la donna au juif, et dit :

— Maintenant la perle est à moi. C'est bien la perle que vous avez dit ce matin être trop chère pour la pauvre reine d'Angleterre ?

— Oui.

— Très bien ! Messieurs, faites emplir vos verres et nous allons porter un toast.

Sur un signe du marchand, on lui apporta un mortier de marbre, il y mit la perle, la broya, en versa la poussière dans son verre, puis se levant :

— Messieurs, tout le monde debout ! Je bois à la santé de la reine Élisabeth (*vergin queen*), la vierge de la Grande-Bretagne !

Quel est le Français qui ferait cela aujourd'hui pour son impératrice? Et pourtant, on dit qu'Élisabeth était loin d'être belle.

Ah! vous croyez qu'on a pour rien de belles reines et de belles impératrices!

Tenez, Joséphine, qui n'était pas une beauté, mais avait été une des reines de la mode avec madame Tallien, eh bien! une publication assez récente (l'Empire aussi a eu ses Dangeau) établit qu'en brumaire an XIII, Napoléon, qui n'était encore que consul, dut payer à mademoiselle Martin huit cent soixante-quatre francs trente-trois centimes, pour neuf pots de *rouge* à quatre-vingt-seize francs le pot (je ne comprends pas les treize centimes).

Il n'y avait pas moyen d'y tenir, il fut obligé de se faire empereur un mois après, et le pape le sacra le 2 décembre.

Et on put voir alors qu'elle se privait de rouge, la pauvre! car, sur les mêmes livres, on trouva, pour 1807 et 1808, une nouvelle fourniture de rouge payée en 1809, alors qu'elle était impératrice et allait cesser de l'être. La note monte, pour mademoiselle Martin, à mille sept cent quarante-neuf francs, cinquante-huit centimes.

Et pour mademoiselle *Chameton*, à six cents soixante-quinze francs, cinquante-cinq centimes.

Mais qu'est-ce que tout cela, en comparaison des reines et des impératrices de l'antiquité?

Tenez, en voici une très belle, qui voyageait aussi en Égypte.

Eh bien ! comparez la pompe qui l'entoure à la pompe moderne, mesquine et chicanée, qui va entourer l'Impératrice des Français voyageant dans les mêmes contrées. C'est à rougir de notre mesquinerie, sans avoir à payer des notes chez mademoiselle Martin et chez mademoiselle Chameton.

Feuilletons un gros Plutarque in-folio, traduction d'Amyot, qui fait ma gloire; c'est une édition de 1583, dix ans avant la mort d'Amyot.

Et parlons un peu de Cléopâtre.

« La reine d'Egypte se mit sur le fleuve Cydnus dedans un bateau, dont la pouple étoit d'or, les voiles de pourpre, les rames d'argent, qu'on manioit au son et à la cadence d'une musique de flustes, hautbois, cythres, violes et autres instruments dont on jouait dedans. Et au reste, quant

à sa personne, elle étoit couchée dessous un pavillon d'or tissu, vestue et accoustrée toute en
la sorte qu'on peint ordinairement Vénus ; et
auprès d'elle, d'un costé et d'autre de jolis petits enfantelets, habillés ne plus ne moins que
les peintres ont accoustumé de portraire les
amours, avec des esventaux en leurs mains,
dont ils l'esventoyent. Ses femmes et damoi-
selles semblablement les plus belles estoyent
habillées en nymphes néréides qui sont les fées
des eaux, et comme les Grâces, les unes appuyées
sur le timon, les autres sur les chables et cordages du bateau, duquel il sortait de merveilleu-
sement douces et souefves odeurs de perfums,
qui remplissoient les rives toutes couvertes d'une
foule innumérable. »

A la bonne heure, ça vaut la peine d'être reine
et d'être belle. Tandis qu'aujourd'hui, une impératrice ne peut pas s'habiller mieux, ne peut pas
s'habiller autrement que la femme d'un banquier,
d'un gros industriel, — disons mieux — que les
beautés vénales, maîtresses du public : c'est à
dégoûter d'être reine et impératrice.

Croyez-vous que mesdemoiselles Marion et de

11

Lermina, lectrices de Sa Majesté, seront habillées en néréides?

Croyez-vous que mesdames de la Poëze et de Saucy, ses dames d'honneur, seront en courtes tuniques de pourpre s'arrêtant au genou, appuyées sur les câbles et cordages?

Pas le moins du monde : elles seront habillées comme tout le monde, les voiles du bâtiment seront en toile blanche, et, en fait de « souefves odeurs et perfums », il y aura la fumée de la vapeur.

Pouah !

C'est comme cela aujourd'hui, les peuples ont fait leurs maîtres comme ils ont fait leurs dieux, à leur image ; un homme plus grand, plus gros, plus méchant, mais toujours un homme.

Tenez, cette fête du centenaire de Napoléon Ier dont on fait tant de bruit, eh bien ! qu'est-ce que cela en comparaison des fêtes que donnaient les Césars romains?

Les mêmes mâts de cocagne, les mêmes saucissons, les mêmes pièces de théâtre jouées entre quelques planches aux Champs-Élysées, par des acteurs de 99ᵉ ordre, les spectacles gratis, ceux qu'on donne tous les jours au public moyennant un ou deux francs par personne.

Certes, Napoléon Iᵉʳ était un grand cueilleur de palmes et de lauriers, un grand guerrier. Il est vrai que dans le jeu qu'il jouait contre le sort, il joua double, triple, quintuple à la fin dans une martingale effrénée, et qu'il a perdu les dernières parties; de sorte que le total se solde pour la France en appoint de défaites, en dépopulation d'hommes et d'argent, en diminution de territoire.

Mais enfin il a tué au moins autant d'hommes que ceux qui en ont tué le plus dans ce genre d'industrie si prisé, si admiré par les hommes.

Je n'ai pas le compte de Napoléon Iᵉʳ.

Mais César se vantait d'avoir tué onze cent quatre-vingt douze mille hommes, dit Pline, et il ne parle pas des guerres civiles : *stragem civilium bellorum non prodendo.*

Et Pompée a consacré lui-même dans le temple de Minerve un monument pour qu'on n'oublie pas qu'il a tué, mis en fuite ou forcé à se rendre : *fusis, occisis aut in deditionem acceptis* douze cent quatre-vingt-trois mille hommes.

Ajoutons, malgré les mensonges des bulletins
— qui ne sont pas inventés d'hier, — qu'il faut
compter un nombre sinon tout à fait égal, du
moins correspondant, de leurs concitoyens, dont
ils ne parlent pas.

Si on pouvait prévoir de pareils grands
hommes, ne serait-il pas sage, et d'une bonne
police, de les étouffer le jour de leur naissance?

Eh bien! quoique Napoléon vaille bien César
et Pompée, que sera-ce que ces fêtes du centenaire? Tenez, à côté d'ici, à Nice, le maire-député
Malausséna a adressé une proclamation au peuple
Niçois, proclamation dans laquelle il annonce
qu'on ne reculera devant aucuns frais pour donner à cette fête du grand homme tout l'éclat,
toute la magnificence, etc.

Et alors, ça finit par des « courses de vélocipèdes ».

Les courses de vélocipèdes manquaient aux
Romains.

Mais Pompée, quand il donnait une fête, faisait tuer 600 lions et 410 panthères dans le Cir-

que. Héliogabale représentait des batailles na-
vales sur des canaux remplis de vin. Néron jetait
au peuple des boules de loto avec des numéros
qui correspondaient à des lots d'oiseaux, de mets
rares, de mesures de blé, de riches vêtements,
de l'or, de l'argent, des maisons, des esclaves,
des îles, des terres, etc.

Héliogabale, quand il donnait à dîner, faisait
mêler des topazes aux lentilles, des perles au riz,
des pois d'or aux pois verts, et, à la fin du dîner,
il se retirait brusquement, parce que du plafond
tombaient des violettes en telle quantité que les
convives étaient étouffés dessous.

Le même faisait répandre de la poudre d'or
sur le chemin qu'il avait à parcourir pour aller à
son cheval ou à sa voiture.

Quand le gouvernement actuel a voulu embel-
lir Paris, l'orner de rues larges et droites, bor-
dées de palais et de casernes, que d'affaires! que
de difficultés! que de jugements et expropria-
tions! que d'arbitrages! que de délais! et, après
la chose faite, que de critiques, que de réclamations!

Tandis que, du temps des Romains, Néron

trouve un jour que les vieux édifices sont laids, que les rues sont étroites et tortueuses. *Offensus deformitate veterum œdificiorum et angustiis flexurisque vicorum.*

Eh bien ! il met tranquillement le feu à la ville *incendit* et on la reconstruit.

En comparaison de ces grands Césars romains, c'est un bien humble métier aujourd'hui que le métier de roi et d'empereur, et on ne saurait témoigner assez de reconnaissance à ceux qui poussent encore le dévouement pour leur pays assez loin pour en accepter la corvée sans compensation.

Autre point de vue. Octave trahit, tue, proscrit; il s'arrête quand il est fatigué. Eh bien ! avec quelques bouts de terre confisqués, avec quelques dîners, quelque peu d'argent distribué à une douzaine d'écrivains et de poètes, il n'a plus tué, il n'a plus proscrit ; c'est un dieu.

Louis XIV a refait le même coup. De son temps, ça valait encore la peine, et si la postérité l'a remis à sa taille, c'est par la bêtise de quelques-uns de ses écrivains gagés, qui ont voulu dimi-

nuer ses petitesses au lieu de les cacher; de
même que, de ce temps-ci, la publication des
lettres de l'empereur Napoléon Ier, publication
faite par sa famille, a été, pour sa mémoire, un
coup terrible.

Mais aujourd'hui le métier n'en vaut plus rien,
le gouvernement n'a avec lui, c'est-à-dire à lui,
qu'une demi-douzaine d'écrivains de troisième
ordre, et, derrière ceux-là, une troupe incon-
nue.

Pour ce qui est des Virgile, des Ovide, des
Horace, des Racine, des Molière, des Corneille
de ce temps-ci il faut s'en passer.

Revenons donc à ceci : pour montrer aux populations lointaines de l'Orient une impératrice
française avec une magnificence digne de sa
beauté et de la vanité de la France, quelques millions, c'est pour rien..., au prix où est le beurre,
comme disait Rabelais.

Voilà pour le cas où le voyage en Égypte et en
Turquie serait un voyage d'agrément.

Mais si, comme beaucoup le croient, c'est un voyage ayant une portée et un but éminemment politiques et civilisateurs, vous êtes mille fois plus pingres que pleutres.

Si ce voyage a pour but de revendiquer et de reconquérir les saints lieux, Jérusalem, le Saint-Sépulcre ; si c'est la dixième croisade, au lieu de chicaner la dépense, supputez l'économie en vous rappelant un peu les autres.

Surtout si cette croisade et cette revendication de Jérusalem ont pour résultat de résoudre la grande difficulté de Rome.

Si l'on a pris en considération une idée que j'ai émise ici même.

Si Jérusalem, rendue par le Sultan et le titre de roi de Jérusalem donné par le roi Victor-Emmanuel, qui le porte dans ses titres, on décide ensuite le pape à aller établir le siège de l'Église là où fut son berceau, à aller garder lui-même le Saint-Sépulcre, Rome redevient naturellement la capitale de l'Italie, sans secousse, sans révolution et la parole de la France est dégagée.

En ce cas-là, chicanez donc sur vos mauvais millions.

Voyez ce que vous ont coûté les autres croisades.

A la deuxième croisade, la femme de Louis VII, Éléonore d'Aquitaine, mène une vie tellement gaie, que le roi la répudie, qu'elle épouse Henry, duc de Normandie, qui devient roi d'Angleterre, lui porte en dot les plus belles provinces de France, et cause entre les deux nations plus de deux cents ans de terribles guerres.

Il y avait alors quelque chose de bien commode pour les rois. Aujourd'hui, si un irrespectueux, un maladroit, un impie attaque la majesté royale, on ne peut que le mettre en jugement et le condamner à l'amende et à la prison, tandis qu'en ce temps-là, le pape vous l'excommuniait bel et bien.

A la troisième croisade, Philippe Auguste lève *la saladine*, l'impôt du dixième des meubles et immeubles et des revenus de ses sujets.

A la septième, Louis IX, qui fut assez s...aint pour faire deux fois la même s...ainteté, se laisse prendre et il faut donner 8 000 besans d'or pour sa rançon, à peu près huit millions comme on croit les dépenser aujourd'hui, mais on a de plus les frais de la guerre, et la perte des hommes

11.

tués par le cimeterre des Sarrasins et par la
peste.

Pour la neuvième croisade, celle contre les
Albigeois, le crime odieux du pape Innocent III,
qui donna la croix aux fanatiques, et de l'église
catholique, — cette croisade des chrétiens contre
les chrétiens, des Français contre les Français,
pendant laquelle, rien que dans la ville de Bé-
ziers, en 1209, on massacre 60 000 hommes :
je pense qu'elle a coûté assez cher.

D'autres politiques veulent voir dans le voyage
d'agrément de l'impératrice un voyage de distraction... politique.

L'impératrice est Espagnole, et d'une piété
qui ne peut que s'accroître à ce moment de la
vie dont elle doit approcher, où la beauté ayant
acquis tout son développement, tout son épanouis-
sement, n'a plus aucune chance de croître encore : et les femmes aiment à s'occuper d'autre
chose.

Les prêtres, dit-on, l'attendent là, et, déjà,
comptent sur son influence légitime pour faire
prolonger l'occupation de Rome. Quelques essais,
à ce sujet, assure-t-on, leur ont déjà réussi.

D'autre part, l'occupation de Rome devient bien embarrassante, et on profiterait de ce que l'impératrice serait... sortie, pour prendre un parti auquel, présente, elle mettrait obstacle.

Tout cela n'est peut-être pas vrai, peut-être même faudra-t-il retrancher quelques centimes des huit millions.

Mon but, en traitant ce sujet, a été simplement de reprocher aux huit millions de Français qui ont élu Louis-Napoléon, leur pingrerie et leur pleutrerie ; ils n'étaient pas forcés d'avoir un empereur, ils l'ont élu volontairement, ils ont voulu en avoir un. Leurs plaintes et leurs chicanes, aujourd'hui, sont du plus mauvais goût ; ils n'ont même pas un franc à donner par tête, car nous qui n'avons pas voté avec eux, nous en donnerons notre part.

Allons, j'ai pitié des faiseurs de cantates, et je vais leur dire les rimes que je sais à *pingres* et à *pleutres*.

Malingres et *Ingres* pour la première ; *feutres* et *neutres* pour la seconde.

Du reste, le sujet et le point de vue que je leur

fournis les *sortiraient* un peu du vulgaire et du ressassé. — J'attends des remerciements.

« M. de Lamartine a été contre les fortifications courageux et éloquent, M. Dufaure a été vrai et raisonnable, mais n'a pas tardé à s'en repentir, M. Garnier-Pagès [1] a été non seulement spirituel et sensé, mais il s'est intrépidement séparé de son parti, etc. . . . . »

Je disais encore :

» Paris sans fortifications peut être pris, mais impossible à garder. »

Puis j'ajoutais, — et là j'ai été glorieusement démenti par les Parisiens :

« Paris fortifié au prix de la fortune publique, Paris attaqué ne tiendra pas une semaine; — que les fraises manquent pendant trois jours, et Paris ouvrira ses portes. »

J'ai assez, pendant trente ans, dit la vérité, prédit ce qui devait arriver pour n'être pas embarrassé de dire : cette fois je me suis trompé.

Plaidons cependant les circonstances atténuantes :

1. Le frère de celui d'aujourd'hui.

Si vous voulez ne prendre ma phrase que pour
une hyperbole et lui accorder l'indulgence que
l'on a pour les hyperboles, en se réservant de les
réduire à une proportion légitime et raisonnable.
— vous y verrez alors que ce qui devait faire suc-
comber Paris ce n'était pas le défaut ou l'insuffi-
sance des fortifications, c'était la famine; — les
Prussiens ne sont pas entrés de vive force dans
Paris; — Paris s'est rendu après avoir souffert de
la faim et après avoir élevé l'habitude de manger
des rats et l'habitude aussi de ne pas manger aux
proportions de l'héroïsme et même d'une mode.

Les fortifications eussent été doubles, triples,
— elles n'eussent pas arrêté la famine.

Pendant que je fais ma confession, je dois la
faire entière.

« Les propriétaires, disais-je, ne voudront pas
exposer leurs maisons : aussitôt qu'une bombe
descendra par la cheminée se mêler aux légumes
du pot-au-feu, — ils capituleront. »

« Ceux qui se battront à Paris sont ceux qui
n'y possèdent rien. »

Presque autant d'erreurs que de mots, la classe
aisée et la classe riche, ont fourni pour une

grande part les traits individuels de dévouement et même d'héroïsme qui, s'ils n'ont pas sauvé la France, ont sauvé l'honneur du nom et du caractère français, — tandis qu'une partie du peuple, — une faible partie je veux le croire, — enivrée, empoisonnée, abrutie par les orateurs de club et de balcon, se réservait pour la guerre civile, l'assassinat, le vol et l'incendie.

Tout en reconnaissant que je me suis trompé sur les détails, — je persiste à me montrer contraire aux fortifications de Paris — et je répéterais encore aujourd'hui ce que je disais alors :

« Paris non fortifié, c'est le roi des échecs, — quand il est mat la partie est perdue, on ne le prend pas.

» Paris c'est une ville de rendez-vous pour le monde entier, c'est la capitale du plaisir, de l'esprit, etc.

» C'est là que viennent se reposer les Rois exilés par les peuples, et les peuples destitués par les Rois; — c'est là que de toute part on vient étaler ses joies et cacher ses misères.

» Paris c'est la grande *canongate* du monde entier.

» L'ennemi! mais, Parisiens, mes bons amis, il est au milieu de vous; — l'invasion! mais elle est faite; — votre ville! mais elle est prise par les brouillons, par les bavards, par les ambitieux de bas étage, par les avocats plus ou moins parvenus, par les fabricants de chandelles enrichis et mécontents.

» Invasion plus cruelle mille fois que celle de l'étranger, car l'étranger respecterait Paris; — Paris où il vient s'amuser. — Paris son rêve, son Eldorado, — Paris qui appartient au monde et auquel le monde appartient.

Et là, — je ne me trompais pas assez; — Paris pris, mat; — les Prussiens s'en sont retournés; — peut-être craignaient-ils plus les Parisiens dans leurs murs que derrière leurs murs. Toujours est-il qu'ils s'en sont retournés; — le roi-Paris était mat, la partie était perdue pour nous; nous avons payé l'enjeu énorme mis sur table par l'empire — et doublé, quand la partie était évidemment perdue, par Me Gambetta et consorts.

Mais Paris a cependant subi réellement le sort d'une ville assiégée et prise par les Barbares, — mais ce ne sont pas les Prussiens qui ont tué les

prêtres, les sénateurs et les généraux ; — ce ne
sont pas les Prussiens qui ont incendié les monuments de Paris.

Ce sont les électeurs de M⁰ Gambetta ; — c'est
cette queue de piliers d'estaminet, de souteneurs
de filles, de gredins, de voleurs, d'assassins, dont
M⁰ Gambetta a osé dire en pleine Assemblée des
représentants de la France qu'il ne voulait pas se
séparer.

En quoi il ne disait cependant pas la vérité,
car il a eu soin de se séparer d'eux lorsqu'ils ont
dû faire le coup de fusil; il s'est séparé d'eux
lorsqu'ils lui criaient du fond des cachots : — O
vous dont les paroles nous ont conduits où nous
sommes, venez nous défendre, venez parler pour
nous.

Je redirais encore aujourd'hui ce que je disais
en 1841.

« Les grands peuples libres se sont défendus
avec des murailles de poitrines et de bras — les
peuples dégénérés, fatigués, déchus, se cachent
derrière des montagnes de pierre. »

Les murailles de poitrines et de bras — que le
canon peut abattre, mais que le tambour relève.

Aujourd'hui, toute ville, toute capitale assiégée surtout, se rend dans un temps plus ou moins long, si elle ne reçoit pas de secours du dehors. — Et je dis : les capitales surtout, parce que l'agrandissement incessant qu'elles subissent, et l'agglomération de la population les condamnent rapidement à la famine.

On a plus ou moins fortifié toutes les capitales, et à bien peu d'exceptions près, chaque fois qu'un peuple a laissé arriver l'ennemi jusque devant sa capitale, elle a été prise.

Londres — dans une île cependant, sans parler de l'invasion de Jules César, a été prise par les Danois, en 1013, et par les Normands, en 1066.

Vienne a été prise par Rodolphe Ier, en 1277; par Mathias Corvin, en 1485; sans Sobieski, les Turcs la prenaient en 1683; les Français l'ont prise en 1805 et en 1809.

Moscou a été prise en 1367, en 1382, en 1408, en 1451 et en 1477 par les Tartares; en 1611 par les Polonais; en 1812, par les Français.

Madrid, par les Maures, en 1109; par les Français en 1808.

Turin, saccagée par Annibal et prise par les

Français en 1640, en 1796, en 1798, en 1800.

Berlin a été prise par les Autrichiens et les Russes, en 1760, et par les Français, en 1806.

Lisbonne, par les Maures, au VIIIᵉ siècle; reprise aux Maures par Alphonse, en 1145 et par les Français en 1807.

Et Paris — Paris fut sauvé, dit-on, par une sainte Geneviève, lorsque Attila faisait mine de l'attaquer; mais il fut pris en 486 par Clovis; en 1420, par les Anglais; en 1593, par Henri IV; puis en 1814, en 1815 et en 1871.

Parlerons-nous des capitales anciennes; — de Rome, prise par les Gaulois; — de Carthage, détruite par Scipion, l'an de Rome 146, détruite de nouveau par les Vandales en 439 et par les Arabes en 693; — d'Athènes, prise par les Lacédémoniens et plus tard par Sylla.

Oui, mais pour faire remarquer que

Sparte, la ville sans murailles,

Seule n'a jamais été prise tant qu'il y a eu des Spartiates, — et que ce ne fut qu'en 1460 que Mahomet II s'en empara et en 1463 que Sigismond-Malatesta la brûla de rage de ne pouvoir la prendre; mais alors, en 1460 et en 1463, il y avait plusieurs siècles qu'elle n'existait plus.

La presse, depuis l'invention des *reporters* et
l'émulation qui s'établit entre eux, met tout le
monde dans une maison de verre, et de verre
grossissant. Je crois qu'il n'est personne, je parle
de ceux dont la vie est le plus simple, pure, honnête, qui aime à penser que ce qu'il fait dans les
vingt-quatre heures, jour et nuit, sera imprimé
et raconté et publié.

Dernièrement, je voyais rapporter dans un
journal un propos tenu à table par un des convives ; — cette publicité avait changé la nature
du propos, qui, jeté au milieu de cent autres
dans un dîner, n'était qu'une fusée éteinte en
parlant, mais imprimée devenait une insulte que
son auteur n'avait pas voulu faire. Le convive ré-
clama, — le *reporter* répliqua en établissant la
véracité de son assertion, et en prenant à témoins et les autres convives et le maître de la
maison. Il me semble que l'hospitalité souffre
beaucoup de semblables procédés, que toute liberté est ainsi enlevée aux improvisations gaies
d'un repas en commun, — que c'est un attentat
contre les plaisirs de la société.

Et ajoutons plus sérieusement :

Un manque de loyauté.

Chez les anciens, ce qui s'était dit à table ne devait pas être répété au dehors; — je ne sais plus si c'est Plutarque qui a dit :

« Je hais le convive qui a trop de mémoire. »

Dans beaucoup de salles à manger alors et depuis, une rose était sculptée ou peinte au milieu du plafond et au-dessus de la table.

La rose était l'emblème du silence. — Harpocrate, le dieu muet, que les anciens plaçaient à la porte des temples et sur leurs cachets, — est presque toujours représenté avec une rose à la main. — Les poètes ont dit que cette rose lui avait été donnée par l'Amour, pour qu'il ne divulgât pas une aventure dont le hasard l'avait rendu témoin.

Newton, explique une locution familière aux Allemands et aux Anglais « sous la rose », ou « ceci soit dit sous la rose ».

« Quand d'aimables et gais compagnons, se réunissent pour faire bonne chère, ils conviennent qu'aucun des joyeux propos tenus pendant le repas ne sera divulgué, et la phrase qu'ils emploient, — est que ces propos sont tenus « sous la rose », — on a coutume, en effet, de suspendre une rose au-dessus de la table, afin

de rappeler à la compagnie l'obligation du secret. »

Peacham, dans son ouvrage intitulé : « La vérité de notre temps — the truth of our times »,
rapporte qu'il a vu souvent (1638), en beaucoup
d'endroits de l'Angleterre et des Pays-Bas, une
rose peinte au milieu du plafond de la salle à
manger.

J'ai lu autrefois que M. de Clermont-Tonnerre,
évêque de Noyon, refusa de faire, selon l'usage,
l'éloge de son prédécesseur..... parce qu'il était
roturier.

On vient d'ériger sur une des places de Paris
une statue équestre, destinée à consacrer la mémoire légendaire de la Pucelle d'Orléans.

Je regrette qu'on n'ait pas pensé à une chose :
Un jour que je visitais le château d'Eu, je vis sur
une cheminée une petite statuette, ouvrage
de la princesse Marie, fille du roi Louis-Philippe, qui était morte quelque temps auparavant.

Cette statuette n'est pas celle que l'on connaît
et qui a été reproduite à un si grand nombre

d'exemplaires. Dans celle dont je parle, la Pucelle est à cheval; elle vient de frapper de sa hache un Anglais qui est étendu devant les pieds du cheval; — elle est à la fois glorieuse et saisie d'épouvante de son premier meurtre, — elle retient d'une main son cheval qui s'irrite, — elle ne veut pas qu'il marche sur l'ennemi vaincu, — son autre main laisse pendre sa hache teinte de sang pour la première fois. Son attitude, son visage expriment à la fois l'orgueil, l'horreur, l'étonnement.

J'aurais voulu qu'on choisît cette statue pour le monument élevé à Jeanne d'Arc.

L'État, marchand d'allumettes, n'a peut-être pas fait d'aussi bonnes affaires qu'on le lui avait promis, — parce que, avant de vendre, il faut beaucoup payer, — sans parler de la fraude qu'encourage, par de magnifiques primes, ce système absurde d'impôts variés, — et que les marchands, réputés honnêtes, ne se font que peu ou point de scrupules de pratiquer directement ou indirectement.

La Banque de France a pensé que si la France

pouvait, sans honte, se faire marchande d'allumettes, elle pouvait, elle, à plus forte raison et
sans déroger, entreprendre une petite industrie
à peu près de même valeur.

Depuis quelque temps, elle vend de petits sacs
de toile sur lesquels elle ne doit pas gagner
moins de 75 à 100 pour 100, — la question serait d'en vendre assez, et ce serait une de ses
plus fructueuses opérations.

La Banque semble s'efforcer de retirer les petites coupures de ses billets; — on dit qu'elle est
effrayée du nombre de billets faux de cinq et de
vingt francs qui sont en circulation.

Tous les journaux parlent d'une trouvaille
faite par des enfants, de faux billets de vingt
francs d'une imitation parfaite, pour une somme
de cent mille francs selon les uns, de deux cent
mille selon les autres.

Pourquoi cette préférence des faussaires pour
les petits billets, qui nécessitent un travail plus
souvent répété pour les faire, et des risques
plus multipliés pour les faire passer?

J'en sais deux causes; il y en a peut-être
d'autres.

La première est que l'on reçoit un billet de vingt francs et surtout un billet de cinq francs sans beaucoup l'examiner, — il n'en est pas de même des billets — de mille, de cinq cents, etc.

La seconde cause est que ces billets sont horriblement mal, fabriqués, — imprimés sur le premier papier venu, tantôt mince, tantôt épais et se déchirant facilement — l'imitation en est beaucoup plus facile.

Il faut dire que, à part nos billets de mille et de cinq cents francs, qui sont bien fabriqués et présentent des difficultés presque insurmontables aux contrefacteurs, les billets de la Banque de France sont les plus laids et les plus faciles à contrefaire qu'il y ait en Europe.

J'ai vu l'autre jour des billets russes ; — au centre est un beau portrait de Catherine II ; — la couleur des billets est celle du prisme, de l'arc-en-ciel ou d'une bulle de savon ; — des nuances rouges, bleues, etc., fondues et ineffaçables, car j'ai demandé à voir un billet ancien pour le comparer au neuf qu'on me montrait ; les couleurs de celui qui avait circulé pendant plusieurs années n'étaient que légèrement pâlies. — Les billets américains sont remarquables par la per-

fection de la gravure ; les portraits de Francklin,
de Washington, et d'autres présidents font plaisir à regarder comme des miniatures.

De plus, les uns et les autres peuvent se chiffonner comme du linge, mais ne se déchirent pas
comme les billets français et italiens.

Pour pouvoir retirer ces billets sans une pré-
cipitation et un scandale qui les déprécieraient,
on a fait frapper pour une grosse somme de
pièces de cent sous, cette monnaie qui rappelle par son poids, la monnaie de fer des Spartiates.

Or, je pense qu'il en est à Paris et dans les
succursales comme à Nice ; si on change à la
Banque un billet de mille ou de cinq cents
francs, il faut prendre la moitié de la somme en
pièces de cent sous.

Pour moi — c'est avec certain plaisir que j'ai
reçu l'autre jour quelques-unes de ces bonnes
grosses pièces qui avaient, dans ces derniers
temps, presque disparu — et je n'ai pu m'empêcher de songer combien cette pièce de cent sous
a perdu de sa valeur ou combien les choses qui
s'achètent sont devenues plus chères.

12

Je me suis rappelé le temps où, avec une pièce
de cent sous dans ma poche, j'invitais hardiment
trois amis à dîner avec moi, rue Neuve-des-
Petits-Champs ou cour des Fontaines; — quatre
amis si le festin avait lieu chez Flicoteau, au
quartier Latin; — cinq, si c'était à Saint-Ouen; —
le repas se composant à Saint-Ouen d'un énorme
pain et de cervelas et du vin rose et un peu poin-
tu d'Argenteuil, à cinq sous le litre, — et ces
repas sont des meilleurs dont je me souvienne.

Et j'ai rapproché ce souvenir d'un autre souvenir récent — c'est que, à mon dernier voyage
à Paris, me trouvant un matin sur le boulevard,
j'entrai au café Anglais et demandai à déjeuner,
j'étais préoccupé, je lisais et me contentais de
répondre par un signe de tête affirmatif aux
questions du garçon qui me servait. — Je m'ar-
rêtai quand je n'eus plus faim et demandai la
carte à payer — dix-huit francs — notez que je
n'avais bu que de la bière.

Je ne m'en suis pas consolé, — je ne m'en
consolerai jamais; ce fut et c'est encore pour
moi un chagrin, une humiliation, un remords.
— Je me comparai en rougissant à Lucullus, à
Trimalcion, à Vitellius, à Grimod de la Reynière,

à tous les gourmands célèbres ; — je pensai à combien de mes vieux amis d'autrefois j'aurai pu, il y a trente ans, donner à déjeuner avec dix-huit francs — et quel bon déjeuner — dans l'île de Saint-Ouen ou de Saint-Denis — dans la grande herbe fleurie et parfumée.

Je me rappelai mes *bons dîners* — je n'appelle pas un « bon dîner » un dîner qu'on mange seul, et je sais combien la gaieté, la confiance et l'abandon sont pour beaucoup dans un dîner ; — aucun n'avait coûté dix-huit francs ; — j'étais si honteux, si bourrelé, que je fis vœu de ne refuser pendant vingt-quatre heures l'aumône à aucun mendiant, — et que je donnai quelques sous à des enfants pauvrement vêtus que je vis assis sur un escalier et qui ne me demandaient rien.

L'argent déjà n'est qu'un signe représentatif ; — sa valeur n'est qu'une convention ; — en effet, on serait bien embarrassé à l'heure du dîner, si on ne trouvait que des pièces de cinq ou de vingt francs en échange des siennes ; — mais, enfin, la convention est ancienne, et, d'ailleurs, le métal, l'or et l'argent sont agréables aux yeux, — le son de l'or est agréable à l'oreille (que cette assertion

ne me fasse pas prendre pour un avare), — d'ailleurs, un avare sérieux n'oserait pas faire sonner
son or — ça pourrait le trahir.

Mais, les billets ! quand on pense que contre un
tas suffisant de ces carrés de papier — on peut
avoir des forêts sombres, des prairies em-
baumées, des rivières murmurantes, — des bois
de rosiers, des champs de jonquilles, d'ané-
mones, etc.

Je ne veux pas parler des femmes, — c'est si
hideux de penser qu'une femme se vend — et,
d'ailleurs, j'ai là-dessus des idées très arrêtées
qu'il serait bien sain et bien moral que tout le
monde partageât, — c'est qu'une femme qu'on
paye ne vaut jamais que cinq francs, — pour
ceux qui ont le malheur d'aimer et d'acheter l'a-
mour tout fait et d'occasion.

Donc, — le papier est un signe représentatif
très médiocre, très laid et qui a beaucoup plus
de chances de destruction que l'or et l'argent;
— le feu et l'eau peuvent le détruire — et l'imitation en est beaucoup plus facile que celle des
espèces monnayées.

Eh bien, j'ai vu presque tout le monde embarrassé et un peu contrarié de la réapparition de la pièce de cinq francs; en effet, cinq cents francs de cette monnaie c'est un poids — et ça ne peut se porter que visiblement : — un homme qui vient de changer un billet de mille francs à la Banque et qui reçoit forcément cinq cents francs en pièces de cinq francs est obligé de rentrer chez lui pour se débarrasser du fardeau.

Cette contrariété étrange qui a accueilli la résurrection de la pièce de cinq francs — s'explique en partie par une considération que je constatais tout à l'heure, l'augmentation du prix de tout. — Il y a trente ans, un homme aisé sortait plein de sécurité à l'égard des dépenses possibles avec quatre ou six pièces de cinq francs réparties entre les deux poches de son gilet; le même n'oserait sortir aujourd'hui sans avoir cent francs dans sa poche : avec cent francs on est chargé, à mon avis, comme un mulet.

En vérité, je vous le dis, ou plutôt je vous le redis : Si, dans la loi électorale que vous élaborez, vous n'établissez pas la condition du domicile pour les candidats, — vous verrez de nouveau les Barodet élus à Paris, et les Ranc à

12.

Lyon ; — vous verrez, à la honte et au danger du pays, M⁹ Challemel, élu quatre fois, — M⁹ Gambetta, trois ou quatre fois. — Il y a trois mois, j'aurais dit six fois et peut-être davantage, mais pour le moment il est fort descendu dans la popularité.

Vous verrez élire par le peuple souverain, et Vermesh, et Cluseret, et Pascal Grousset, et les deux Gaillard.

L'article de loi à faire à ce sujet est bien simple et impossible à contredire, je vous l'ai déjà donné :

Attendu que, pour représenter un département, ou mieux un arrondissement et ses intérêts, il faut les connaître ;

Attendu que, pour choisir un représentant, il faut le connaître ;

Ne pourra être élu représentant d'un arrondissement qu'un habitant réel ayant au moins cinq années de domicile réel dans l'arrondissement.

Avez-vous, étant enfant, joué au bouchon ?

Avez-vous joué à la boule ?

Avez-vous seulement aux Champs-Élysées regardé jouer à la boule?

Eh bien!

Au bouchon, on place, sur un bouchon debout, la mise en sous de chacun des joueurs;
puis, d'une distance convenue, chacun essaye à
son tour, en lançant une pièce de deux sous ou
de cinq francs, d'abattre le bouchon et de faire
tomber, en les éparpillant plus ou moins, les
pièces qui sont dessus; — mais, avant de « couper » c'est-à-dire de renverser le bouchon, le
joueur a soin de jeter une autre pièce qu'il doit
placer le plus près possible du bouchon, —
parce que les sous tombés appartiennent à la
pièce qui en sera le plus près.

Aux boules il s'agit également, d'une distance
fixée, de placer une de ses boules le plus près
possible d'une boule plus petite qui sert de but.

Mais, si une des deux boules est destinée à
occuper cette place, l'autre est employée à « tirer », c'est-à-dire à repousser, à enlever la boule
trop bien placée de l'adversaire.

Eh bien, un des malheurs de notre pays —
c'est que tous les joueurs sont des *coupeurs* et
des *tireurs*, — savent renverser le bouchon —

savent écarter la boule de l'adversaire — mais ne savent ni placer la première pièce, ni la première boule.

En d'autres termes — tous sapeurs, habiles à démolir, aucun architecte ni maçon.

Ce n'est pas seulement par la politique que nous redescendons et manifestons une rechute en sauvagerie.

Je voyais l'autre jour, dans un compartiment d'un wagon de première classe de chemin de fer, un jeune homme « bien mis », qui n'avait l'air ni plus bête ni plus grossier que beaucoup d'autres, s'étaler sur sa banquette et mettre ses pieds sur la banquette en face de lui, — sans songer que, à cette place salie par ses bottes, à la première station, un voyageur, une femme peut-être, pouvait venir s'asseoir. — Et ce n'est pas une exception, une excentricité; cette rusticité égoïste se montre à chaque instant.

J'avoue que je m'accoutume difficilement à des actes pareils, et qu'il m'arrive parfois de désirer que ces grossièretés générales se particularisent assez à mon égard, pour que j'aie le droit de m'en fâcher sans trop étonner les gens

qui le plus souvent sont naïvement grossiers,
sans méchanceté, et par un égoïsme imbécile, —
et aussi par la suite de la vie des cercles et des
cafés où on vit entre hommes, — hors de la société des femmes, société qui seule peut achever
l'éducation d'un homme; — quand je parle de
la société des femmes, je ne parle pas des
femmes qu'on paye, je parle de celles auxquelles
il faut plaire.

Chez les Romains, les femmes gardaient leur
nom, — mais, si elles ne prenaient pas le nom
de leur mari, elles ne prenaient pas non
plus les titres de leurs fonctions et de leurs
dignités.

La femme d'un consul n'était pas madame la
consule, la femme d'un sénateur ou d'un dicta-
teur ou d'un tribun, madame la sénatrice, la
dictatrice, la tribune.

Je comprends que, dans la société moderne,
avec l'invention de la noblesse héréditaire, une
femme prenne le titre de son mari. — La noblesse, par une convention étrange, étant plus
honorée à mesure qu'elle s'éloigne des actes qui

l'ont méritée, — cette noblesse n'entraîne pas
des fonctions qu'une femme ne puisse remplir
aussi bien que l'homme ; — mais la femme d'un
général, d'un amiral, d'un ministre, — s'appelant madame la générale, l'amirale, on n'ose pas
dire la ministresse, — cela n'a aucune raison
d'être, — ces titres désignant des fonctions que
les femmes ne partagent pas.

A propos de la noblesse, — un descendant
d'un héros du moyen âge est de beaucoup plus
noble que celui de ses ancêtres qui a gagné la
noblesse.

Si on avait le sens commun on ne proscrirait
pas la noblesse héréditaire, — c'est un grand
encouragement et une belle récompense que
de laisser à ses enfants un nom glorieux et
honoré.

Mais on ferait, en sens inverse, ce qu'on fait
pour les hommes de couleur, — l'enfant d'un
blanc et d'une négresse est mulâtre, — l'enfant
du mulâtre est quarteron, l'enfant du quarteron
est, je crois, métis, — puis la marque bleuâtre
des ongles disparaît, et les descendants d'un nègre
sont réputés blancs après un nombre suffisant

de générations ; — de même, le fils du duc serait marquis ou comte, le fils du comte, baron, — à la seconde génération ils seraient chevaliers, — à la troisième, ceux qui voudraient être nobles se mettraient en mesure de gagner à leur tour la noblesse pour eux et pour les deux générations qui leur succéderaient.

On a souvent répété que Buffon avait un tel culte pour la nature, pour sa plume et pour lui-même, qu'il n'écrivait qu'en habit habillé avec des manchettes.

J'ai entendu citer une femme qui respectait si fort l'amour, qu'elle n'écrivait jamais à son amant qu'après s'être baignée, parfumée et mise en grande toilette.

Les besoins et les habitudes se sont graduellement si fort accrus et exaspérés, qu'un partage égal des choses destinées à les satisfaire semblerait aujourd'hui rendre tout le monde misérable ; — de là cette situation sociale plus triste et plus terrible que, pour que quelques-uns aient assez à leur gré, il faut qu'un grand nombre aient insuffisamment, et un autre grand nombre n'aient rien du tout, de sorte que la vie n'est plus une loterie où il y a de petits et de gros lots, — mais un certain nombre de gros lots, et une très grande quantité de billets blancs et de billets d'attrape, comme se plaisait à en faire Héliogabale, selon l'historien Lampride, — certains billets donnant des maisons de campagne, ou dix livres d'or, — et certains autres dix laitues ou dix mouches.

Si bien que dans les rêves de bouleversement de la société que font les déshérités, les paresseux et ceux qu'on appelle les « partageux », ils ne pensent plus à partager, — les morceaux leur sembleraient trop petits, — mais à dépouiller les autres plus favorisés, et à prendre à leur tour les gros lots.

Sans aller si loin, il y a des professions et des intérêts qui ne peuvent « aller » et obtenir satisfaction qu'au détriment d'une partie de la société; il est telle profession dont ceux qui l'exercent considéreraient comme mauvaise année, une année de disette et de famine, l'année où les hommes négligeraient de s'entre-dévorer par des procès.

Telle autre où on appellerait année funeste,

celle où il n'y aurait ni épidémie, ni maladies et où tout le monde se porterait bien.

C'est surtout à l'égard des pauvres qu'on risque d'être injuste, si on n'est que juste, et si on ne met pas, comme un appoint de poids et une *tare*, la charité dans le plateau de la balance.

Un pauvre demande l'aumône à la porte d'une église, — une femme qui en sort, lui répond : « Dieu vous assiste.

— Madame, dit un passant, vous renvoyez ce pauvre à la Providence; vous ne comprenez donc pas que c'est la Providence qui vous l'envoie. »

De tous temps les artisans de troubles et de séditions ont pris soit « la liberté de tous », soit le « bien public », pour prétexte et pour enseigne.

Sans remonter aux Grecs et aux Romains, chez lesquels, comme le dit Salluste de Catilina et de ses complices :

« Chacun ne songeait qu'à se rendre riche et puissant, sous ombre d'amour du bien public »;

Commines explique, dans ses Mémoires, que dans la guerre que les princes et les seigneurs firent à Louis XI pour « le bien public du royaume », le duc de Berry appelait le « bien public » qu'on lui donnât la Normandie en apanage, et le comte de Charolais entendait par ces mêmes mots de « bien public » qu'on lui livrât les villes sur la rivière de Somme, — Amiens, Abbeville, Péronne, etc.

On s'étonne habituellement de voir les princes, et, à leur imitation, les gens en place, rechercher et aimer les hommes médiocres ; — Louis XIV a vendu et livré le secret, en disant à un homme qui lui demandait justice et établissait des droits, — « Il n'y a pas de droits, sous mon règne, tout est faveur. »

Les princes et les hommes en place veulent qu'on leur soit obligé et redevable de tout. — En élevant un homme considérable, ils ne feraient que rendre justice, tandis qu'en protégeant, en comblant un médiocre, ils accordent une grâce qui leur rend l'homme dépendant et servile, — ce qu'exprime très bien la locution assez populaire « se faire des créatures ».

Cependant « la vraie science du gouvernement, c'est la science ou l'instinct du choix ».

La république comme l'entendent trop de gens en France ne consiste pas à vivre sous des lois justes et égales, mais à s'emparer à son tour des places, de l'argent, des honneurs et des abus qu'on ne combat pas pour les renverser, mais pour les conquérir.

Je ne sais plus qui, vers 1790, exprimait nettement cette situation en disant : « Louis XVI était, il y a quelques mois, Roi et maître de vingt-quatre millions de sujets, — aujourd'hui il est le seul sujet de vingt-quatre millions de Rois ».

Alors comme aujourd'hui la difficulté était de savoir comment cette nation de potentats poserait les limites de ses vingt-quatre millions ou trente millions d'empires.

Voici pour les journaux légitimistes le vrai moment de restaurer un mot raconté autrefois par une gazette allemande, vers 1810 ; qu'ils se hâtent, car les bonapartistes pourraient le prendre pour le fils de Napoléon III :

« Le comte de Provence, depuis Louis XVIII,
étant en exil, fut invité à assister au couronne-
ment d'une rosière dans une ville qui s'appelle
comme... Blankenberg ; il posa la couronne sur
la tête de la jeune fille qui fit une belle révérence,
et dit : « Monseigneur, Dieu vous le rende. »

Être bien mise pour une femme, c'est s'habiller autant d'après sa situation de fortune que
d'après sa taille, son teint, la couleur de ses
cheveux et celle de ses yeux : — tout doit être
harmonie. — Le goût et la distinction suppléent
la richesse et souvent triomphent d'elle.

Combien de publications à propos de la mode,
dans les journaux ou ailleurs, — persuadent
aux femmes qu'*il faut* — avoir tant de robes,
tant de chapeaux, — et de telles robes, et de
tels chapeaux ; — c'est cher, mais *on ne peut pas
faire autrement,* — c'est de toute nécessité, —
c'est impossible, — mais ce n'est pas une raison,
il le faut.

.... Je m'indigne à l'aspect
De femmes, que le monde accueille avec respect ;
Telle a su se placer, par un bon mariage,
Courtisane prudente, à l'abri du chômage ;

Ça s'appelle une « femme honnête », du mari,
Des enfants, du foyer ne prenant nul souci ;
Et, ne s'informant pas si, pour parer l'idole,
Le pauvre époux — travaille... emprunte... joue... ou vole.
 — Les *filles*... on les quitte alors que leur beauté
Ou le caprice passe. — A perpétuité,
La « femme honnête », infirme et laide devenue,
A, le code à la main, droit d'être... entretenue ;
. . . .
Le bonheur légitime... est si cher aujourd'hui,
Qu'on n'ose plus aimer que la femme d'autrui ;
Et, pour peu qu'un jeune homme ait d'ordre et de conduite,
Au banquet de l'amour il vit en parasite.

  .   .   .   .

On raconte du shah de Perse une remarque
singulière. « — Qu'est-ce qui vous a le plus frappé
dans votre voyage en France ? lui demanda une
femme.

— C'est notre folie d'entretenir à grands frais
des harems où nous nourrissons, habillons, etc.,
sous la garde d'eunuques, de nombreuses femmes
qui ne nous aiment pas et que nous n'aimons
guère, — avec lesquelles nous n'éprouvons jamais ni une incertitude, ni une émotion, le désir
étant très certainement suivi et quelquefois précédé de la possession, — tandis qu'en France,
sans eunuques, sans sérail fermé, chaque Français a ses femmes, son harem éparpillé bien plus

nombreux que les nôtres, dans les maisons de
ses amis et connaissances; femmes gardées,
nourries, habillées par lesdits amis et lesdites
connaissances.

Vivant comme je vis, comme j'ai presque toujours vécu, le plus souvent solitaire, à la campagne, dans les bois, sur les plages de la mer, en
face des merveilles de la nature, — bien plus
grandes encore pour ceux qui les étudient que
pour ceux qui ne font que les contempler; — j'ai
dû souvent penser au créateur souverain, — jamais, je ne me suis permis de lui donner un
corps, ni une forme, — d'en faire un homme
agrandi et grossi, de lui attribuer mes idées,
mes passions, mes faiblesses.

Me servant des sentiments et de la raison qu'il
m'a donnés, et heureux de trouver d'accord et
les sentiments et la raison, — j'ai supposé, j'ai
cru qu'il est tout-puissant, souverainement juste,
souverainement bon, — ces deux dernières qualités dérivant naturellement de la première.

J'ai beaucoup médité sur cet Être suprême; —
mais, quand j'ai vu que :

De même que, quand on regarde le soleil, on

voit d'abord rouge, puis noir, et on voit voltiger
et danser devant les yeux, comme des myriades
d'étincelles blanches ; de même, quand on veut
scruter certains arcanes, s'enfoncer dans certaines méditations, l'esprit aussi s'éblouit, voit
des flammes et de l'ombre, puis sautillantes des
folies, des sottises, des saugrenuités.

J'ai accepté ces bornes à la vue de l'esprit,
comme celles imposées à la vue des yeux ; — je
me suis soumis, et ne me suis plus permis de me
livrer à ces méditations sans résultat possible,
que de loin en loin.

Dans les choses humaines, en effet, le contraire du faux est vrai ; — mais, il est des questions sur lesquelles l'esprit ne peut concevoir ni
l'un ni l'autre des deux contraires.

Ainsi l'univers, je ne dis pas notre monde, je
dis l'univers, a-t-il eu un commencement, aura-
t-il une fin ?

Si on se dit oui, on se demande : et avant ce
commencement, et après la fin ?

Si on se répond non, — cette pensée de toujours en avant et en arrière donne le vertige, —
nous ne pouvons résoudre ni l'une ni l'autre des

deux hypothèses contradictoires, dont une cependant est la vérité; — aussi, un jour qu'un homme que je connaissais assez peu, vint me voir et me demanda ce que je pensais de l'immortalité de l'âme, — je lui répondis : « Mon cher, je n'y pense qu'une fois par an, pour ne pas devenir fou ou imbécile, — j'y ai pensé hier, — revenez dans un an. »

A personne, plus qu'à moi peut-être, les cieux n'ont « raconté la gloire de Dieu », personne n'a peut-être vu autant de levers et de couchers du soleil — à leur avantage; — j'ai étudié les brins d'herbe et les insectes, et je dois à cette étude des joies et des ivresses ineffables; — j'ai sans cesse questionné la nature, — et je puis dire comme je ne sais plus quel saint, — je crois cependant que c'est saint Bernard: — « Les chênes et les hêtres ont été mes maîtres. » — Je suis donc plutôt un homme religieux; — eh bien! on ne saurait se figurer combien les religions et les prêtres m'ont gêné, m'ont choqué. — Il y a longtemps que j'ai écrit pour la première fois, dans un livre d'études de botanique et d'entomologie, saisi d'admiration pour les prodiges que ces études me faisaient découvrir dans les plus petits des êtres, — *maximus in minimis Deus.*

« En présence de tant de merveilles, — où sont les ânes qui demandent des miracles et les charlatans qui en font. »

J'ai lu les miracles de toutes les religions, — je n'en ai jamais trouvé un qui me causât, à beaucoup près, autant d'étonnement et d'admiration, qu'une petite graine de réséda, renfermant des plantes, des fleurs, des parfums pour toujours, — qu'un œuf de mouche ichneumon, pondu dans le corps d'une chenille vivante, qui doit, morte, servir de nourriture au ver qui naîtra de l'œuf de la mouche, et cet œuf contenant pour toujours des générations infinies d'ichneumons.

— Comme vous êtes sérieuse, Madame !

Je ne vous ai jamais vue rire, — même des mots et des choses qui faisaient éclater ou pouffer tout le monde autour de vous; — auriez-vous donc quelque grand chagrin au cœur?

— Non, mais seulement les rides au coin des yeux se composent d'un certain nombre de sourires, — et je ne veux pas me chiffonner le visage.

13.

En France et surtout à Paris, il ne s'agit que de parler; — quand un homme a parlé, on ne s'informe pas de ce qu'il pense, de ce qu'il a fait, de ce qu'il fait; — il est jugé, — on ne se rappelle même pas s'il a dit le contraire à une autre époque, — on ne se rappelle rien après six mois.

L'honnête homme n'est pas celui qui fait de belles ou de bonnes actions, c'est celui qui fait de belles phrases, — et encore on tient facilement pour belles les phrases ampoulées et retentissantes; un seul propos inconsidéré, une phrase mal venue, peut faire à celui qui les laisse échapper un tort que ne lui feraient pas cent sottises et même des crimes, — et que ne répareront pas et n'effaceront pas vingt ans d'intégrité et de services rendus, — heureusement qu'il y a la *prescription* de six mois.

L'alliance du prince Jérôme Napoléon, avec un journal soi-disant républicain, fait un certain bruit; — sous l'Empire, le fils de Jérôme vivait dans un cercle d'opposants. — Il jouait déjà à la branche cadette, et son cousin ne s'y fiait pas plus que de raison.

Je me rappelle que, lors de la guerre d'Italie,

—Napoléon III lui donna et il accepta le commandement d'un corps d'armée qui se tint toujours hors de l'action, — on prêta alors cette réponse à l'empereur auquel on disait : « Vous auriez aussi bien fait de le laisser à Paris auprès de l'impératrice et de son fils, — au lieu de le laisser ici à « croquer le marmot ».

—J'aime mieux, dit-il, qu'il croque le *marmot* ici, que de le croquer aux Tuileries. »

Voici une histoire qu'on m'a contée; — est-elle vraie? je l'ignore, — cependant j'ai vu la femme.

Mais.....

On se rappelle ce charlatan qui disait : « J'ai guéri le roi du Maroc, — à preuve, voici sa peau. »

Et cet autre, qui annonçait l'exhibition du fruit des amours d'une carpe et d'un lapin, disait aux spectateurs :

« Voici le lapin dans cette cage — et la carpe dans ce baquet, le père et la mère; — quant à l'enfant, il est pour le moment au Jardin des Plantes, où M. de Lacépède, grand animalier de France, m'a prié de le faire conduire. »

Voici l'histoire :

Lord ****, — après avoir triomphé de nombreux
obstacles, obtint, il y a une douzaine d'années,
la main de miss ****; de l'aveu de tous ceux qui
les ont connus, c'était la plus ravissante jeune
fille qu'on pût voir; — on me l'a montrée, et
c'est encore une très belle personne; les charmes
de son esprit égalaient ceux de sa figure; on ne
parle pas de son caractère, mais la suite de l'histoire indique une grande fermeté et une rare
résolution. — La passion de lord **** était causée
plus par les obstacles encore que par les séduc-
tions de cette jeune beauté; — au bout de quelques mois, il fut désenchanté — et ne montra
plus que de la froideur.

Lady *** essaya — de la tendresse, — des
larmes, — puis de la coquetterie, — tout fut
inutile; — elle s'indigna, — à l'indignation suc-
cédèrent l'indifférence et le mépris.

Un peu plus tard, — elle se vit très entourée,
très courtisée; — une femme, dans sa situation,
est un peu comme au pillage, — d'autant qu'on
n'a pas à craindre le chapitre des exigences, des
conditions, des réparations, — le mariage.

Or, il arriva que lady ****, dédaignée, aban-
donnée par son mari, finit par n'être pas insensi-

ble à la cour assidue de M. ****; naturellement les amants ont un immense avantage sur les maris, — les maris fussent-ils tendres, fidèles, etc.

L'amoureux — ne se montre que deux ou trois heures par jour tout au plus, — toujours sous les armes, toujours en représentation, — toujours en proie au désir de l'inconnu, n'ayant à s'occuper que de l'amour, à parler que de l'amour; — s'il est fatigué ou s'il s'ennuie, il lui est toujours loisible de faire des *sorties* magnifiques et intéressantes; — il voudrait passer sa vie à des genoux adorés, mais — la prudence, les convenances, le respect humain, il se sacrifie.

Qu'il dépense pour cent francs par mois en bouquets, il a l'apparence d'un homme magnifique, — il serait heureux de donner des diamants, des perles, des étoiles, mais... que dirait-on? Et le mari, comme on l'envie lui qui a le droit de donner tout cela.

Le mari, au contraire, se montre au moins douze heures par jour, — parfois fatigué, malade, préoccupé; — supposons-le amoureux de sa femme, — quelle différence, — il use de « ses droits », le vilain mot, la vilaine chose! — A des intervalles plus ou moins rapprochés ou éloignés,

— supposons-le, — je le veux bien, — très délicat, demandant, sollicitant, — ça n'est jamais comme celui qui demande une grâce, un sacrifice, — une faute, — un crime.

D'ailleurs, — l'amoureux, lui, demande toujours.

Le mari ne peut pas ne penser qu'aux bouquets ; — il faut qu'il gagne et donne de l'argent pour le loyer, pour les domestiques, pour la nourriture quotidienne, — pour le bois, pour les torchons, etc. — Quelquefois, il doit refuser, faire des observations, conseiller des économies, etc. ; quelque sédentaire qu'il soit, — il sort quelquefois, — va voir des amis, — et il n'est pas forcé de sortir, lui !

Quelle est donc la différence entre un amoureux et un mari comme lord **** qui n'a eu pour sa femme qu'une fantaisie éteinte, — qui est retourné à sa vie de garçon ; qui va au cercle, aux courses, à la chasse, — dîne au cabaret, entretient quelque femme, etc. ?

Lady **** faisait cette comparaison et la faisait douloureusement d'abord, — haineusement ensuite, cependant elle avait des principes. — Le plus grand espoir qu'elle permît de concevoir à l'amoureux M. ***, — c'était de l'épouser, si le hasard ou la Providence lui rendait jamais sa liberté; — ce n'était pas comme cette fille d'honneur de la cour d'Angleterre dont parle madame de Sévigné : « le roi l'avait remarquée, elle s'était sentie quelque disposition à ne point le haïr, par suite de quoi elle arrivait grosse de sept mois ».

A l'époque où Lady **** ne considérait plus son mari que comme un obstacle à son bonheur, — lord *** se trouva précisément dans les mêmes dispositions à l'égard de sa femme; — il était saisi d'une fantaisie, d'un caprice violent pour une femme de théâtre; celle-ci surfaisait sa marchandise, — elle ne songeait pas à se faire épouser par un homme marié, mais elle laissait entendre qu'elle n'aurait rien... contre un enlèvement et une installation sérieuse à l'étranger.

Tout amoureux qu'était lord ****, le *kant*, le respect de certaines convenances, lui rendaient impossible une telle équipée, — seulement il disait quelquefois en soupirant : « — Ah! si je devenais veuf! »

Quant à la belle, elle ne voulait pas accepter une seconde place dans la vie de son adorateur, — il fallait qu'il brûlât ses vaisseaux.

Un jour lord **** demanda à sa femme un entretien particulier, — et il lui dit :

« Madame, le lien qui nous unit est devenu une chaîne ; — nous en souffrons tous les deux. — Vous êtes une femme trop honnête, je suis un homme trop bien élevé pour rompre cette chaîne avec scandale. — Je ne sais aucun moyen que nous devenions tous deux en même temps veufs l'un de l'autre, — mais j'en trouve un pour qu'un de nous deux le devienne dans un temps assez court ; — lequel des deux s'en ira, lequel des deux restera ; — la Providence ou le hasard en décideront ; celui qui survivra sera heureux, celui qui mourra cessera d'être infortuné. Ce que j'ai à vous proposer, c'est une sorte de duel décent ; — j'ai en Irlande un château, une propriété entourée de marais, — ni mes ancêtres, ni moi, nous n'y sommes allés séjourner en été ni en automne : — il y règne des fièvres paludéennes qui font beaucoup de victimes parmi les gens du pays, mais qui ne pardonnent presque jamais aux étrangers ; — que diriez-vous d'une petite retraite de trois mois dans ce château ? — La saison est favorable, deux de mes fermiers viennent d'y

mourir de fièvre *pernicieuse;* — pour le monde,
— nous aurons l'air de deux époux — qui, sur un
regain de tendresse, — vont grignotter dans
la solitude — un nouveau quartier de lune de
miel.

Lady **** fut d'abord un peu étonnée, un peu
effrayée même; — elle resta quelques instants
sans répondre; — puis, envisageant rapidement
le présent et l'avenir, elle dit d'une voix ferme :
— Quand partons-nous?

— Le plus tôt possible, — le temps de faire,
chacun de notre côté, nos dispositions testamen-
taires, — et, pour vous, de préparer vos toilettes.

Huit jours après, les deux époux étaient à leur
château ; — marécages, brumes épaisses le soir,
— humidité invincible, c'était complet; — chacun d'eux, chaque matin, interrogeait avec
anxiété le visage de son..... adversaire.

Au bout d'un mois.

— Milady, — je vous fais mon sincère compli-
ment, jamais vous n'avez été aussi fraîche.

— Recevez le mien, mylord, si cependant c'en
est un, — vous engraissez.

— C'est que je m'ennuie.

— Tout le monde n'a pas le moyen d'en mourir.

— Sérieusement, est-ce que vous mettez du rouge?

— Non.

— Vos joues sont des pêches veloutées... mais alors... ça ne va pas.

— Si vous vous ennuyez, pourquoi ne chassez-vous pas à cheval, avec vos voisins?

— Ah! vous voulez que je vous rende des points, et que je fasse entrer, dans mon jeu, la chance de me rompre le cou; — ça n'est pas honnête, — cependant il y aurait un moyen; — nous donnerions des bals, et vous vous engageriez à ne pas manquer une contredanse, ni une valse, ça égalisera le jeu; — je risquerai de me casser les reins, — mais vous vous exposerez à la fluxion de poitrine, — ça vous va-t-il?

— Oui.

On donne des bals, on chasse, — pas le moindre accident à la chasse, pas le plus léger rhume après les bals.

Il se passe un mois.

— Milady, vous rajeunissez, vous êtes plus blanche et plus rose que lorsque je vous ai épousée.

— Vous, mylord, vous prenez décidément du ventre.

— C'est un coup manqué, — nous ne ferons rien ici. — Mais j'ai une autre proposition à vous faire.

— Faites.

— Il y a le choléra en Allemagne.

— Je l'ai lu sur un journal.

— Que diriez-vous d'un voyage à Vienne, ça s'expliquerait, pour le monde, par la curiosité bien naturelle à une femme de voir l'exposition — et par la complaisance sans bornes d'un époux amoureux.

Une fois à Vienne, on chercherait les localités où les cas sont les plus nombreux, et on irait s'y installer.

— Quand partons-nous ?

— Après-demain.

— Je serai prête.

Voilà ce qu'on m'a raconté, — en me montrant Lady **** qui revient d'Allemagne en grand deuil, — et j'ai tout lieu de croire mon narrateur bien informé, car j'ai vu par hasard une de ses cartes, et il s'appelle M. ***, et il est parti le même jour que Milady.

Sous le règne de Louis-Philippe, j'ai connu

un vieux député, — qui... ressemblait à beaucoup
d'autres : — il était député de l'opposition, mais
d'une opposition bénigne, modérée, conciliante ;
— il ne parlait jamais, — votait avec le centre
gauche, — faisait les commissions de ses admi-
nistrés et de leurs femmes, — apostillait leurs
demandes pour les bureaux de tabacs et les bureaux de poste, — procurait à ceux qui venaient
à Paris des billets pour la Chambre des députés,
les musées, aux jours réservés, les Gobelins, etc.
Il était, pour ainsi dire, député à vie ; — ses com-
mettants voulaient un député de l'opposition,
mais qui se maintînt pourtant avec les ministres
dans des relations assez bienveillantes pour pouvoir, à l'occasion, obtenir d'eux pour son département une justice, — une faveur, peut-être
même une petite injustice ; — il avait sa petite
part de menues chatteries pour ses représentés,
— mais j'avais eu une ou deux occasions de remarquer que, lorsqu'il s'agissait de lui-même ou
de ses proches, il obtenait des faveurs dépassant
de beaucoup le crédit que je lui supposais.

Un jour que je le trouvai écrivant à un ministre pour solliciter je ne sais quelle position im-

portante pour son gendre, — je ne lui cachai pas le peu de chances qu'il me semblait avoir de réussir.

— Je sais que c'est difficile, me dit-il, mais je fais jouer **mon** grand moyen.

Je voulus connaître ce grand moyen.

— Le roi personnellement, me dit-il, m'a fait espérer que je serais un jour pair de France ; — plusieurs ministres ont fait également miroiter ce leurre à mes yeux, — lorsqu'il s'agit d'un vote important et où la majorité est incertaine ; c'est l'avantage d'appartenir à un des deux centres ; — sans évolution scandaleuse, on peut se rapprocher de la frontière de droite ou de la frontière de gauche, on est réputé « flottant » et, comme tel, appoint disponible.

Eh bien ! lorsque je tiens beaucoup à obtenir une faveur... je la demande... mais... je demande en même temps la pairie ; — quant à la pairie, on est parfaitement décidé à ne me la jamais conférer, — mais on ne veut pas me mécontenter et s'exposer à perdre une voix qui, à un jour donné, peut avoir sa valeur.

On a depuis longtemps épuisé pour moi toutes les formules connues, pour rendre un refus le

moins choquant possible, — les regrets sincères,
— les promesses pour une autre occasion, etc.,
— il faudrait aujourd'hui recommencer le cercle.

Eh bien! quand je *veux* me faire donner quelque chose, — je demande en même temps la pairie, — je rappelle, avec les dates, la promesse de Sa Majesté, les espérances données par tel ou tel ministre. — Eh bien! ça n'a jamais manqué : on regrette vivement que les circonstances ne permettent pas, etc., mais on saisit avec empressement, en attendant une occasion meilleure, de m'être agréable, en m'accordant... l'autre chose. — C'est ainsi que ça va se passer pour mon gendre, et je considère sa nomination comme aussi certaine que si je l'avais dans ma poche.

C'est ainsi que je me suis fait donner d'emblée, — en passant par-dessus tous les droits, — un bureau de tabac pour une ancienne gouvernante dont il m'importait de me débarrasser et qui ne voulait me quitter, me lâcher, qu'à ce prix-là; — j'ai demandé un bureau de tabac pour elle, et la pairie pour moi; — huit jours après elle avait son bureau de tabac et ma rançon se trouvait payée. »

Je n'aime pas beaucoup la justice qui se fait après un bouleversement ou une révolution. — Les vaincus désarmés sont jugés par leurs vainqueurs qui quelquefois viennent d'avoir peur, ce qui rend naturellement l'homme assez méchant — et encore, après la bataille, l'opinion publique fait deux lots : — tout ce qui s'est fait de cruautés, de crimes, par les deux partis est le lot des vaincus; tout le peu qui s'est fait de traits de courage, de fermeté, de générosité, forme le lot des vainqueurs.

Ainsi, ceux qui, au coup d'État de Décembre, — ont pris les armes pour défendre des lois si audacieusement violées par le prince-président de la République, — ont été appelés « insurgés » par cet insurgé — et ont été emprisonnés, exilés et tués comme insurgés.

Mais comme dans ces justices qui suivent la défaite des uns et la victoire des autres, il faudrait que la moitié du pays emprisonnât, exilât, tuât l'autre moitié, — comme, après tout, les luttes de la politique se passent à peine entre cent mille personnes y prenant une part active ; — le reste, — troupeau ignorant, se mettant à la suite du vainqueur, — on prend le parti de ne punir qu'une petite quantité des vaincus — qu'ils aient commis ou non d'autres crimes que d'être vaincus.

Autrefois — dans le cas d'insurrection militaire — on décimait les révoltés, — on les faisait ranger au hasard sur une ligne, puis on comptait, et, chaque fois qu'on arrivait à dix, on faisait sortir ce dixième des rangs, et on le passait par les armes.

C'est ce qu'on fait aujourd'hui dans la justice appelée « justice politique », avec une modification et un progrès, c'est qu'on triche le hasard; — on ne met pas les justiciables sur une ligne, et on fait tomber le chiffre dix sur qui on veut; il se fait ainsi un certain nombre de « boucs émissaires » d'*Azazel*, d'*Apopompées* que l'on charge de tous les péchés d'Israël ; — après quoi, les autres, comme dit le prophète, « deviennent blancs comme neige, leurs péchés eussent-ils été rouges comme l'écarlate ».

En général, il serait difficile de dire ce qui décide l'opinion dans le choix de ces boucs in-

fortunés — qui ne sont pas toujours innocents,
mais qui ne sont pas plus coupables et souvent
le sont moins que le voisin de droite et de
gauche, celui qui est derrière et celui qui est
devant.

Ainsi, messieurs Ollivier et de Grammont dé-
clarent la guerre à la Prusse, et nous jettent
dans une défaite, des désastres, des misères et
une ruine écrites d'avance, puisque la France
n'avait ni alliances, ni armées, ni munitions, ni
vivres. — M. Lebœuf affirme à la face du pays
que tout est prêt — qu'il « ne manque pas un
bouton de guêtre » lorsque, si les boutons de
guêtres ne manquaient pas, il n'y avait que cela
qui ne manquât pas.

Nous sommes vaincus, écrasés, — Mᵉ Gambetta prend la suite du sinistre, parce que c'était
la seule voie ouverte pour monter au pouvoir;
— il continue cette guerre avec des chances
encore plus mauvaises qu'elle n'avait été commencée; il double le nombre de nos morts, il
ajoute à nos désastres la perte de deux provinces
et une rançon double de celle dont les Prussiens
se seraient contentés; — ses acolytes, ses affidés,
ses amis, plus hostiles au pays que les Prussiens,

14

sont convaincus d'avoir, au moyen de fournitures qu'il leur a données, envoyé au combat les soldats et les recrues sans vêtements, sans souliers, sans armes, sans vivres, sans munitions; — il est lui-même accusé devant un tribunal anglais d'avoir reçu des pots-de-vin.

D'autre part, le maréchal Bazaine, — je m'en rapporte au jugement qui l'a frappé, — est accusé d'avoir mal fait la guerre ; — les uns pensent qu'il a cédé à des idées confuses d'une ambition assez vague, — les autres qu'il a manqué de résolution comme chef tout en reconnaissant son extrême bravoure comme soldat, — d'autres que la situation où il se trouvait était au-dessus de ses capacités, etc.

Il est condamné à mort.

Pendant ce temps, Mᵉ Ollivier, sous les orangers d'Italie, prépare son discours pour l'Académie et vient tranquillement le lire à Paris; M. de Grammont, M. Lebœuf et Mᵉ Gambetta reprennent leur vie ordinaire, et personne ne songe à leur demander aucun compte.

Prenons un autre exemple. — Un certain nombre d'avocats de langue et de plume, enivrent, empoisonnent le peuple dans Paris et dans tous les grands centres.

La guerre finie contre l'étranger, il faut faire une guerre plus triste contre des Français.

Me Gambetta, qui, au moyen des hordes empoisonnées par lui, est arrivé au pouvoir, aux dignités et surtout aux traitements, les abandonne momentanément — et va attendre l'issue du combat sous les orangers d'Espagne, comme Me Ollivier sous les orangers d'Italie.

Puis comme, à la suite de la commune, il se trouve tombé du pouvoir, il revient se mettre à la tête de ses hordes qui se composent de gens égarés, enivrés, empoisonnés par lui et par ses complices, mais aussi de voleurs, d'assassins et d'incendiaires, et il déclare publiquement qu'il n'entend pas se séparer d'eux.

C'est alors qu'on condamne M. Rochefort à une détention perpétuelle à Nouméa.

Il y avait bien aussi M. Ranc et beaucoup d'autres, mais M. Ranc n'a été inquiété que lorsqu'il s'est fait nommer député comme Me Gambetta, — avant cela on le laissait tranquillement être membre du conseil municipal de Paris; —

des autres, il n'est plus question.

Je n'ai pas partagé l'engouement qu'a inspiré
M. Rochefort vers la fin de l'Empire ; — c'était
un gamin spirituel, — doué non de cette sorte
d'esprit que j'appelle « la raison ornée et armée »,
mais de cet esprit parisien qui ne recule pas
devant le jeu de mots et les lazzis, et prend un
air de hardiesse en s'attaquant au pouvoir, sans
autre raison que le succès que le public a coutume de faire à ce genre d'attaque ; — il n'avait
rien étudié, ne savait rien, et naturellement décidait de tout, — mais on le prit tellement au
sérieux qu'il finit par s'y prendre lui-même ; —
il devint l'objet de l'engouement public, — et,
enivré par les applaudissements et le succès, —
fit comme le chanteur auquel on crie : bis, —
après l'ut de poitrine, il s'efforce de donner le
contre-ut.

Qu'il ait fait du mal, je le veux bien ; — qu'il
ait mêlé sa petite drogue à la boisson capiteuse
et toxique qu'on versait au peuple, qu'il ait surtout fourni le sucre et le citron qui lui donnaient
un goût plus agréable et masquaient le venin, je
le veux encore.

Mais en se rendant bien compte de son in-

conscience, il est évident qu'il a été un de ces
boucs émissaires dont je parlais en commençant; — qu'il a subi la suite nécessaire de l'engouement dont il avait été l'objet, et que sa
condamnation est sévère quand on regarde ceux
qui ont joué le même rôle avec plus de conscience de leurs actes, et qui sont députés, am-
bassadeurs, et seront peut-être ministres demain.

Puisque j'en suis venu à parler de M. Rochefort, je dirai que je ne partage pas non plus la
colère que donne son évasion à beaucoup de gens.
— Les seuls prisonniers qui n'aient pas le droit
de s'évader sont ceux qui sont prisonniers sur parole, et ce n'était pas son cas.

Il a très bien fait son rôle de prisonnier, —
ce sont ses geôliers qui n'ont pas bien fait leur
rôle de geôliers.

Il y aurait bien dans le fait de cette évasion
une leçon pour les victimes de ces chefs, ou mieux
de ces exploiteurs de l'opposition; les soldats
payent et les chefs échappent, — mais ils ont bien
pardonné à M⁰ Gambetta de les avoir abandonnés,
et au moment de la bataille et au moment de la
punition.

14.

Mᵉ Ollivier, à côté duquel on a fait tomber le
nᵒ 10 sur M. Bazaine, comme à côté de M. de
Grammont, de M. Lebœuf, de Mᵉ Gambetta, etc.,
Mᵉ Ollivier pense que rien ne l'empêche de venir
reprendre part aux affaires politiques d'un pays
qu'il a perdu; — il vient de publier une lettre
très bizarre, dont je dois dire quelques mots :

Il semblerait qu'ayant par son ambition et sa
légèreté attiré sur la France un des plus grands
désastres que contienne notre histoire, Mᵉ Ollivier
et ses complices n'avaient que deux partis à
prendre :

Le premier, de courir auprès de leur empereur
et de se faire tuer autour de lui — et avec lui autant que possible — pour apaiser les mânes de
tant de victimes qu'ils avaient faites.

Le second parti, moins beau, moins expiatoire,
était de passer dans une retraite absolue le reste
d'une vie maudite, — détestée par les mères,
matribus detestata, comme dit Tacite.

Mais :

Mᵉ Ollivier sait que pour les sottises et pour les
crimes politiques, la prescription s'acquiert natu-

rellement au bout de six mois — le plus long terme
où puisse s'étendre la mémoire française.

Donc, quatre ou cinq fois six mois s'étant écou-
lés, Mᵉ Ollivier n'ayant été ni fusillé, ni exilé, ni
emprisonné ; le sort de la vindicte publique étant
tombé sur d'autres ; M. Bazaine à Sainte-Marguerite payant pour tous ; son histoire était tout
à fait oubliée.

Rien donc ne l'empêchait de venir reprendre
sa place dans la politique et son rang « à la
queue » des compétiteurs du pouvoir, et vous allez le voir, aux prochaines élections, demander,
comme candidat, un témoignage de confiance à
ses compatriotes. — Prêt à tout recommencer.

Voici les hardiesses saugrenues qu'imprime
Mᵉ Ollivier :

« *L'émulation s'établira entre les deux formes
de la démocratie : la république et l'empire.*

» *Si la république prévaut, les impérialistes ac-
cepteront sans arrière-pensée la décision souveraine ; ils reconnaîtront que le gouvernement de
la république doit être confié à ceux qui ont eu
foi en elle, alors que d'autres la déclaraient impossible, et leur seule ambition sera d'apporter
l'aide et le conseil.*

» *Si l'empire obtient l'avantage, les républicains pourront adhérer sans humiliation à un gouvernement qui ne sera pas sorti d'un coup de force ou de surprise, et les impérialistes leur feront une place à côté d'eux dans la direction de l'État.*

» *Dans les deux hypothèses, pas de proscription, l'oubli cordial du passé, une seule loi de salut public : l'interdiction d'attaquer, de contester et même de discuter le verdict national, sous les peines les plus sévères, l'exil perpétuel, par exemple.*

» *Et alors, nous redeviendrons la grande nation, etc.* »

Surtout si Mᵉ Ollivier est, dans le premier cas, appelé à « *donner aide et conseil* », et, dans le second, si « *on lui fait une place dans la direction de l'État* ».

Mᵉ Ollivier, on le voit, ressemble à ces joueurs timides qui, à la roulette, mettent leur pièce de cinq ou de vingt francs, — sur la raie qui sépare deux numéros, — en partageant ainsi leur mise entre deux chances ; *à cheval* sur 93 et 52, — sur la commune et sur l'empire.

Je suis scrupuleusement les débats du procès Bazaine, — je vois jusqu'ici ce que disait Turenne : — « Je serais embarrassé, non pas de commander, mais de manœuvrer et de tenir dans la main une armée de plus de trente mille hommes. »

Une guerre déclarée et commencée avec une imprudence puérile, comme le dit un journal, dans le même numéro où il brûle tant d'encens devant l'impératrice, — sans penser que mener un peuple à une guerre terrible, sans préparatifs, sans alliances, c'est-à-dire à la ruine et à l'humiliation, etc., — est à peu près un des plus grands crimes qui se puissent commettre, — cette guerre imprudente, folle, criminelle, — conduite au hasard, sans plan, sans vigueur, sans enthousiasme, sans discipline, sans commandement et sans obéissance.

Eh bien ! en voyant ces hésitations, ces ordres non donnés ou mal donnés, — mal obéis ou pas obéis du tout, ce relâchement absolu de discipline, ces vertiges, ces paniques ;

Je me dis — il ne faut pas juger ces gens-là d'après un type de guerrier héroïque, et je dirais fabuleux — si nous n'en avions pas chez nous de nombreux exemples. Il ne faut chercher là ni des Léonidas, ni des La Tour-d'Auvergne — ni des

Cambronne, ni des « boiteux de Vincennes », et quand j'ajoute à ce que je lis — ce que l'on m'a conté à Pontarlier, lors de l'entrée de l'armée française en Suisse, si j'y ajoute ce que j'ai vu en Suisse de mes yeux, et beaucoup d'autres choses dont je ne veux pas parler encore, — à part un nombre assez grand heureusement de dévouements et d'héroïsmes individuels, nombre qui s'accroîtrait sans doute de beaucoup de ceux qui sont restés inconnus;

Il faut reconnaître que la France a subi à ce moment, — espérons que ce n'est qu'une crise — un abaissement terrible et effrayant de son niveau moral, que tout le procès jusqu'ici n'a fait que constater douloureusement et peut-être sans utilité.

Donc pour juger le maréchal Bazaine, il faut arriver à l'affaire Régnier, fouiller ses relations avec les Prussiens, c'est-à-dire examiner si — il n'a pas rêvé un moment, de faire, d'accord avec l'Impératrice et les Prussiens, et au moyen d'une nombreuse armée neutralisée contre les Prussiens, mais restée disponible pour dominer son pays, — une sorte de nouvel empire bâtard, avec une régence où il y aurait été quelque chose comme lieutenant général ou maire du palais, là est le procès, là serait le crime, — sur lequel je ne puis ni dois encore exprimer d'opinion — et pour la constatation et la négation duquel il faudrait étudier le caractère et les antécédents du maréchal, — et voir si sa conduite au Mexique n'a pas été calomniée.

Le procès Bazaine fait songer naturellement à la guerre.

Il arrive aujourd'hui précisément le contraire de ce qui serait à désirer, en supposant le progrès moral et philosophique, c'est-à-dire que le nombre des soldats composant une armée va tous les jours s'augmentant; les rois font comme ces braves joueurs blasés qui arrivent à jouer au bésigue avec quatre jeux.

En songeant au nombre prodigieux d'hommes qui composent aujourd'hui une armée, n'est-il pas juste de dire que, après la victoire, la part de gloire qui appartient au général en chef doit être singulièrement restreinte, et c'est surtout à un *Miltiade* d'aujourd'hui que l'Athénien *Socharès* serait fondé à dire :

— Miltiade, quand tu auras combattu seul, tu pourras demander une couronne pour toi seul. Constatons donc, dès aujourd'hui, qu'un peuple victorieux a le droit de ne pas admettre que ce soit son roi qui ait seul remporté la victoire sur l'ennemi vaincu, et veuille étendre les droits et les privilèges de cette victoire jusque sur et contre son peuple vainqueur.

Aujourd'hui, les conditions du courage militaire sont changées, on ne peut le nier, et cela est à la gloire du peuple français, que les armes à longue portée ont été inventées et adoptées pour se mettre à l'abri de la célèbre *furia francese*, et ne la combattre que du plus loin possible.

Ce n'est que contrainte et forcée que la France a dû adopter à son tour ces nouvelles armes pour rapprocher les distances, et, en tenant compte des dates de l'adoption du fusil Dreyse et du fusil Chassepot, on peut dire que le fusil Dreyse a été, dans l'origine, une arme défensive, défensive en tenant celui qui la portait à la plus grande distance possible d'un ennemi redouté. En poursuivant les déductions de ce point de vue on pourrait dire aussi que le fusil Dreyse est une

arme de lièvre et le chassepot une arme de chasseur. Le premier augmentait la distance, le second, étant le second, la rapprochait.

Par exemple, pour conserver entre deux
peuples l'avantage relatif de la population, une
fois que chacun aurait mis sous les armes le
nombre dont il dispose, pourquoi chacun ne met-
trait-il pas en ligne seulement la dixième ou la
vingtième partie de ses forces? La situation relative serait absolument la même, et il serait fait
une grande économie de sang et d'argent.

Quant à la stricte et honnète exécution de la
convention, aujourd'hui que la guerre a lieu
comme un duel entre deux particuliers pour une
question de point d'honneur, pourquoi ne pren-
drait-on pas des témoins que chacun choisirait
parmi les peuples neutres?

Toujours est-il que le courage d'aujourd'hui
doit se composer surtout de résignation, de
sang-froid, avec une nuance nécessaire de fata-
lisme. Ce nouveau courage, on l'aura, on l'a
déjà.

Mais ne serait-il pas plus logique, plus pro-
gressif, plus humain, moins ruineux de faire le

contraire de ce qu'on a fait et de ce qu'on fait, c'est-à-dire d'exposer toujours moins d'hommes à ce qu'on peut aujourd'hui, plus que jamais, appeler les hasards de la guerre.

D'autres personnes disent et écrivent : C'est une question entre le fusil Dreyse et le fusil Chassepot.

Alors, le mieux serait de remplacer les armées par des cibles. Les Prussiens pourraient tirer sur un bonhomme de bois et de toile représentant un soldat français pour donner une satisfaction au reste d'idées anciennes, et les Français sur un Prussien de bois ; celui qui aurait touché son ennemi de bois du plus grand nombre de coups serait réputé vainqueur.

On pourrait également décider les questions en litige, aux dés, à pile ou face, à la courte paille, — tout serait moins cruellement bête que les formes ordinaires de la guerre.

M. de Bazaine, condamné à l'unanimité par le tribunal à la peine de mort, a vu sa peine commuée et réduite à vingt ans de détention.

L'accusation de trahison écartée, le procès ne devait pas être fait, et M. Thiers avait raison de

ne pas vouloir le faire ; — trop de gens auraient
dû s'asseoir sur la sellette à côté de M. de Bazaine.
Quant au condamné, il avait en réserve un trésor
amassé d'actes de bravoure, qui, de soldat, l'avait
fait maréchal, et avec lequel la première moitié
de sa vie a payé la rançon de la seconde, partant
quittes — le pays ne lui doit plus rien que l'oubli ; — il n'est pas fusillé, mais il est effacé, sup-
primé, annulé.

Cette peine de la détention, qui n'est pas irré-
vocable comme la mort — sera à son tour commuée et abrégée — et, dès à présent, elle est fort
supportable : — l'île Sainte-Marguerite est un
des plus charmants endroits de la terre ; un
climat doux et égal — des orangers, des myrtes,
des oliviers, des ombrages parfumés — une mer
bleue et limpide murmurant sur des plages
fleuries. — Supposez un homme aimant la vie,
puisqu'il a remercié celui qui la lui laissait, et
ne prenant pas son aventure trop au tragique, —
ayant comme on l'assure autour de lui sa femme
et ses enfants — il est difficile de le considérer
comme un objet de pitié.

Je ne puis, au contraire, m'empêcher de son-

ger que, sauf la cause de la détention, s'il avait
été possible dès ma première jeunesse d'obtenir
la même peine pour un fait laissant l'honneur
parfaitement sauf, je me serais trouvé complètement heureux d'être frappé de la même condamnation, et n'aurais demandé qu'un seul adoucis-
sement — à savoir, que la peine de vingt ans de
détention fût commuée en une détention perpétuelle qui ne me laissât pas craindre d'être un
jour forcé de quitter un si charmant séjour —
où j'aurais, en outre, été nourri, logé et vêtu
par l'État, c'est-à-dire exempt de tous soucis.

Le mode de publication des *Guêpes* ayant
donné sur elles aux journaux une avance de huit
jours dont ils ont usé largement pour parler de
l'évasion de M. de Bazaine, — il semblerait qu'il
ne doit rester aux *Guêpes* rien à dire à ce sujet,
— c'est une erreur :

Les carrés de papier de toutes couleurs se sont
mis naturellement en campagne et en chasse, et
personne n'étant résigné à rentrer « bredouille »,
semblables à certains chasseurs qui, pour ne pas
exciter le sourire et les quolibets des passants,
remplissent leurs carniers — si lourds quand ils

sont vides — de foin et d'herbe, ils ont ramassé partout cancans, potins, ramages, bourdes, qu'ils ont appelés *détails précieux puisés à des sources autorisées* et auxquels ils ont ajouté quelques descriptions de l'île Sainte-Marguerite prises dans les « guides ».

Le résumé de tous les récits, qui se sont faits des emprunts mutuels, est ceci :

« M. de Bazaine est descendu sur les rochers au pied de la citadelle, au moyen d'une corde à nœuds. — Madame de Bazaine et un jeune homme, son parent, ont loué à Cannes, au milieu de la nuit, un canot, avec lequel ils ont accosté ces mêmes rochers ; — M. de Bazaine est monté sur le canot — qui les a portés tous les trois sur un navire italien qui les attendait au large. »

J'ai quelques rectifications à faire à ces récits ; ces rectifications les voici :

M. de Bazaine n'est pas descendu avec une corde à nœuds.

Madame de Bazaine et son parent n'ont pas pris un canot à Cannes et n'ont pas accosté les rochers au pied de la forteresse; — ils n'ont pas rejoint avec ce canot le navire italien.

M. de Bazaine est sorti par une porte qu'on lui a ouverte ou qu'on a laissée ouverte, — et il est allé au côté opposé de l'île, c'est-à-dire « sous le vent » où il a trouvé non pas un canot conduit par une femme et un jeune homme, — mais une bonne et forte chaloupe bordant au moins quatre avirons, et montée par quatre vigoureux rameurs, plus un homme à la barre, envoyés du navire italien, et qui y sont retournés.

Comment sais-je cela?

Je ne le sais pas, — mais je le vois, — et qui plus est, je le prouve :

M. de Bazaine, qui est déjà vieux et très gros, n'a pu descendre avec une corde de la très grande hauteur où était sa chambre, dont les fenêtres étaient en outre fermées de barres de fer; — ç'aurait été une opération très difficile même pour un homme mince et dans la force de l'âge, — plus difficile encore, puisqu'on ne dit pas que les barres de fer aient été sciées, ni brisées, puisqu'il lui aurait fallu passer au travers des barreaux; — je n'admets pas que ses gardiens n'aient pas regardé s'il était dans sa chambre.

Admettons cependant cette difficulté vaincue : le prisonnier serait tombé à côté d'une sentinelle; or, par ces nuits où souffle le mistral, le ciel est sans nuages et les nuits sont très claires.

Admettons encore que, assez mince pour passer entre deux barreaux de fer, assez léger, assez fort, assez souple, pour opérer cette descente, il ait en outre été assez heureux pour ne pas attirer l'attention d'une sentinelle, cette attention eût été éveillée par le bruit qu'eût fait un canot en accostant les rochers; — et, d'ailleurs, on ne pouvait faire entrer dans un plan d'évasion la distraction d'une sentinelle dont l'attention serait provoquée à la fois par deux circonstances; — on n'y pouvait non plus faire entrer l'absence d'étonnement et de curiosité causés par une femme et un jeune homme prenant un canot à Cannes et se dirigeant vers l'île Sainte-Marguerite par un temps pareil.

Mais ce n'est rien.

Cette nuit même, dans la nuit d'hier à aujour-

d'hui, 17 août, c'est-à-dire quelques heures
avant celle où je prends la plume, à peu près
dans les mêmes parages que l'île Sainte-Marguerite, nous avions des filets à la mer; vers une
heure du matin le mistral a commencé à souffler, — et nous sommes partis trois sur la *Girelle*, un canot très maniable, pour aller relever
nos filets qui pouvaient se trouver en danger; —
des trois hommes l'un était mon matelot, pê-
cheur de profession; — l'autre, mon fils, Léon
Bouyer, un jeune homme de trente ans, très vigoureux, très exercé, très amariné, et moi qui,
depuis longtemps, ai l'habitude à la mer de
compter pour un homme.

Eh bien! le mistral ne faisait que commencer
à souffler, — et nos filets n'étaient qu'à une petite distance; — cependant nous eûmes besoin
de toutes nos forces bien employées pour aller
tirer les filets, et surtout revenir.

Une heure plus tard, lorsque le vent, prenant
de la force, eut achevé de soulever la mer, cette
opération eût été peut-être impossible : — cependant de toute cette nuit le mistral a été très
loin de souffler aussi fort que dans la nuit de
l'évasion de M. de Bazaine.

Il y a en face de la « Maison close » à deux ki-
lomètres, un îlot « *le Lion de mer* » placé et
orienté précisément comme l'île Sainte-Marguerite. — Eh bien! nous avons été tous les trois
d'accord que, s'il nous avait fallu accoster l'îlot,
il nous eût été, surtout une heure plus tard, impossible de le faire « au vent », c'est-à-dire du
côté où le vent faisait déferler la mer sur les rochers, — et que nous aurions eu déjà quelque
peine à accoster « sous le vent », c'est-à-dire du
côté opposé.

Or, c'est « au vent » de l'île Sainte-Marguerite,
et par un vent beaucoup plus fort, qu'une femme
qui « ne sait pas du tout ramer », et un jeune
homme qui « ne le sait que très peu » et « ayant
tous deux le mal de mer », auraient fait ce qu'il
eût été impossible à trois hommes vigoureux et
exercés à la mer de faire dans des conditions
moins difficiles; car, je le répète, dans la nuit
d'hier le vent était beaucoup moins fort, et l'île
Sainte-Marguerite est trois fois loin de Cannes
comme le *Lion de mer* l'est de Saint-Raphaël,
—et il fallait parcourir tout le trajet en recevant
les lames par le travers du canot.

15.

Donc, — un canot monté par une femme et un
jeune homme n'a pas fait ce trajet; — aucun canot
n'a accosté sur les rochers « au vent » de l'île.

C'est « sous le vent », de l'autre côté de l'île
qu'a accosté non pas un canot pris à Cannes,
mais une bonne chaloupe montée par cinq
hommes vigoureux, et envoyée par le navire italien, et ayant à lutter pour aller et venir contre
une très grosse mer.

Donc, M. de Bazaine est sorti par une porte
qu'on lui a ouverte ou qu'on a laissée ouverte,
et il est allé de l'autre côté de l'île monter sur
la chaloupe du navire italien; — si madame de
Bazaine et son parent étaient sur cette chaloupe,
c'était comme passagers, — et pour voir plus tôt
le prisonnier.

C'est pour moi — et c'est pour mes deux compagnons, aussi évident que si nous l'avions vu.

Un journal a cependant, à propos du prisonnier évadé, recueilli un détail d'un autre genre
et très peu important en lui-même, mais dont je
dois dire un mot : En parlant du séjour de M. de
Bazaine à l'île Sainte-Marguerite, ce journal fait

savoir que « M. Karr envoyait les *Guêpes* à M. de Bazaine ».

Si nous rapprochions cette mention d'un article paru précédemment dans un autre journal qui demandait la suppression des *Guêpes*, — ça pourrait avoir l'air d'une invitation à l'autorité de regarder un peu si le maître des *Guêpes* ne serait pas quelque peu complice de l'évasion ; — en effet, il habite le pays, il a des embarcations, — et il envoyait les *Guêpes* à M. de Bazaine, etc.

Certes, ce n'est pas, je le sais, l'intention du journaliste ; ce n'est pas à l'autorité et à la police qu'il veut me dénoncer, mais à « l'opinion » et je m'étonne de ne pas avoir vu en faire déjà leur profit : les bons petits papiers rouges qui ont quelquefois si bêtement appelé bonapartiste celui de tous les écrivains contemporains qui a le plus opiniâtrément combattu l'Empire.

Eh bien, le fait est vrai, —j'envoyais les *Guêpes* à M. de Bazaine ; — comment ? pourquoi ? je vais le dire à mes lecteurs :

Je fus, il y a quelques mois, très surpris, un

matin, de recevoir une lettre signée « *de Bazaine* ».

M. de Bazaine me remerciait de l'envoi d'un
numéro des *Guêpes* « qu'il avait lu avec grand
plaisir » et faisait quelques réflexions sur son jugement et sa situation, etc.

Or, je ne lui avais pas envoyé de numéro des
Guêpes; je cherchai le numéro dont il parlait —
et je devinai que quelque ami à lui pouvait le lui
avoir adressé, — parce que j'y faisais mention
des trois ou quatre boucs « émissaires » sur lesquels l'opinion publique et la sévérité du gouvernement faisaient tomber toutes les fautes du
plus grand nombre, — et je citais quelques-uns
de ceux qui, aussi coupables que M. de Bazaine,
étaient non seulement en liberté, mais occu-
paient des places et émargeaient au budget.

A la lecture de cette lettre, je fus un moment
embarrassé, — j'ai l'habitude de dire la vérité;
or dire : je ne vous ai rien envoyé, à un prisonnier qui avait ressenti un moment de plaisir de
l'envoi, c'était plus dur que je n'avais la force
de l'être; — accepter les remerciements... ce
n'était pas tout à fait honnête... c'est cependant
ce que je fis, — je ne répondis pas à M. de Ba-

zaine, — parce que je n'avais rien d'agréable à lui dire, — mais je donnai l'ordre de continuer à lui envoyer les *Guêpes* qu'il a dû recevoir jusqu'à son départ.

Entre les sottises qui ont été dites sur cette évasion, il faut noter celle qui consiste à faire au prisonnier un nouveau crime de son évasion ; — quelques-uns ont même prétendu qu'il avait manqué à l'honneur, « étant prisonnier sur parole ». — Disons d'abord que le prisonnier qui n'est pas prisonnier sur parole a toujours le droit naturel de s'en aller, — et c'est tellement le sentiment général que, — à la nouvelle d'une évasion, le premier mouvement de tout lecteur est de désirer qu'on ne reprenne pas le prisonnier, — et que ce n'est qu'après réflexions qu'on pense au crime, à la justice de l'*expiation*, et à la sûreté publique.

Le frère de M. de Bazaine a déjà écrit aux journaux que M. de Bazaine n'avait pas donné sa parole de rester en prison, et que personne d'ailleurs n'avait fait la sottise de la lui demander.

J'ajouterai que, prisonnier sur parole, je me

croirais obligé par cet engagement, à la condition
qu'il serait accepté et exécuté de part et d'autre;
— mais je m'en croirais délié si on y ajoutait
des grilles, des verroux, des sentinelles, etc.

Certes, si on avait mis M. de Bazaine dans
l'île Sainte-Marguerite en lui demandant sa parole de n'en point sortir, si jugeant cette parole
suffisante, on ne l'avait ni « bouclé » ni ver-
rouillé; — il n'aurait dû dans aucun cas faire
un pas hors de l'île, — mais il en était tout autrement.

Le traitement que subissait M. de Bazaine était
bizarre.

Si l'accusation, c'est-à-dire la trahison, avait
été admise par le tribunal, la mort était le châtiment mérité et obligé, — mais les juges avaient
écarté la trahison, et avaient condamné le maréchal à mort, — pour obéir à la sévérité des
lois militaires auxquelles il avait manqué, mais
ils avaient signé un recours en grâce.

L'emprisonnement pour vingt ans, est probablement plus qu'à perpétuité pour un homme
de soixante-six ou soixante-sept ans, usé par les
fatigues de la guerre, par le chagrin, les blessures, etc., — mais cet emprisonnement dans la

charmante île Sainte-Marguerite était cependant un sort relativement assez doux.

Disons en passant qu'un des journalistes qui ont écrit à ce sujet, a vu un rocher aride dans l'île Sainte-Marguerite, qui est une forêt de pins, de myrtes et d'arbousiers, avec un grand jardin d'orangers.

Mais ce traitement était beaucoup moins doux du moment que M. de Bazaine était enfermé dans la sorte de citadelle qui avait servi de prison au « masque de fer », — sans pouvoir mettre le pied dehors. — En même temps, par un contraste singulier avec cette rigueur extrême, on lui accordait la faveur d'avoir non seulement sa famille, mais un ami auprès de lui.

Mon impression sur M. de Bazaine est celle-ci : il est libre, il ne reçoit plus et ne lit plus les *Guêpes*, et, d'ailleurs, il s'en soucie aujourd'hui médiocrement ; — elles ont joué pour lui le rôle de l'araignée apprivoisée par Pellisson à la Bastille. — Je n'hésite pas à dire, je l'ai d'ailleurs déjà dit dans le temps, en d'autres termes :

Peut-être sommes-nous un peu gâtés par nos études classiques, — par Léonidas et les Thermopyles, — par Cynégire, — par Horatius Coclès, — par l'*Horace* de Corneille, — *qu'il mourût*, — mais nous avons dans notre histoire des faits nombreux qui ne le cèdent pas à ceux de l'antiquité, — l'histoire du chevalier d'Assas, — l'histoire du vaisseau *le Vengeur*, — celle de Cambronne et des grenadiers de la vieille garde à Waterloo, et plusieurs faits en Afrique ; — nous sommes devenus difficiles et sévères quand on ne se conduit pas tout à fait comme ces héros.

Cependant il m'a semblé voir dans le maréchal de Bazaine, n'essayant pas de faire une trouée, non pas un homme qui a manqué de bravoure, ses preuves étaient faites, mais un homme qui n'avait pas assez précise l'idée du devoir, — et obéissait à je ne sais quelles velléités d'ambition vague, dont on pourrait retrouver la trace dans sa conduite au Mexique, — velléités qui lui ont inspiré la pensée criminelle qu'il pourrait peut-être, non pour la France, mais pour lui, avoir mieux à faire d'une grosse armée, la dernière, — que de la risquer dans une bataille désespérée.

Pour résumer et en finir sur l'affaire de l'évasion, M. de Bazaine a eu des aides non seulement hors de l'île, mais dans l'île ; — quant à madame de Bazaine, même en supprimant la légende du canot et des avirons, elle a accompli très honorablement ses devoirs de femme, et elle a acquis des droits à l'estime et à la sympathie de tout le monde.

Pour les intelligences dans l'île, — nous vivons à une époque où presque personne ne fait *banco* sur un numéro ou sur une couleur ; — ça a été la ruine du gouvernement de Juillet, et ça a achevé de précipiter Napoléon III.

On veut se sauver la mise en tous cas, et on place, comme à la roulette, les joueurs prudents, son *louis* ou sa pièce de cinq francs à cheval sur quatre numéros.

Et comme un proverbe qu'on retrouve dans toutes les langues.

« On allume un cierge pour Dieu, mais aussi, au moins une petite chandelle pour le diable. »

N. B. *Tout ce qui précède était écrit le 17 août, on m'envoie, aujourd'hui 20, les épreuves à corri-*

ger, j'ai ajouté seulement la mention faite par madame de Bazaine elle-même, qu'elle et son cousin ne savent pas ramer et avaient le mal de mer.

Et j'ajoute ici aujourd'hui, — qu'elle s'est très agréablement moquée des « reporters », qui l'ont poursuivie et relancée dans son voyage.

Lorsque, la semaine dernière, j'avais dû exprimer mon opinion sur l'évasion de l'île Sainte-Marguerite, madame Bazaine n'avait pas encore fait publier son petit roman; — une circonstance remarquable cependant, et qui a dû donner à penser aux magistrats chargés de l'instruction, c'est que les journalistes envoyés sur les lieux n'avaient pas attendu à poursuivre et à rejoindre M. et madame Bazaine dans leur fuite pour être trompés et pour rencontrer et accueillir précisément le même petit roman, — moins quelques ornements de style. — Il y avait donc à Cannes ou dans l'île, ou à Cannes et dans l'île, d'autres personnes intéressées à tromper, à égarer l'opinion, et à propager le feuilleton en question — avec des circonstances convenues pour ne pas compromettre les assistances reçues, en y comprenant le capitaine du navire italien, qui,

probablement, en savait plus long sur ce qui se
passait, que n'en savait la compagnie à laquelle
appartient le bâtiment.

Certes, M. et madame Bazaine et M. Rull devaient tenir la promesse qu'ils avaient sans doute
faite de ne laisser planer de soupçons sur personne, — mais puisque la situation avait l'inconvénient d'obliger à ne pas dire la vérité, il eût
été plus digne, très certainement, et peut-être
plus utile aux personnes qu'on devait ménager,
d'ajouter moins de broderies et de fioritures.

En fait de mensonge, il y a, il me semble, quatre règles à observer :

La première, c'est de ne pas en faire ;

La seconde, c'est de n'admettre cette nécessité que pour sauver les autres ;

La troisième, c'est de les faire si bien que l'on
soit seul à jamais savoir qu'on a menti, et c'est
déjà assez fâcheux ;

La dernière est de se borner au strict nécessaire, — de ne pas se complaire aux détails, aux
agréments, aux galons, aux enjolivements, aux
broderies.

Je comparerai cette situation à celle d'un malheureux qui s'introduit dans une maison, — poussé non seulement par sa propre faim, ce ne serait pas une raison suffisante, mais par la faim de sa femme et de ses enfants ; — s'il ne vole que du pain, ce n'est certes pas moi qui, juré, aurais le courage de le condamner, — mais il en sera autrement s'il vole des hors-d'œuvre, des desserts, des confitures, etc.

Le récit de madame Bazaine, avalé par les journalistes avec l'avidité, avec la gloutonnerie des requins affamés dans le sillage d'un navire, n'a fait que me confirmer dans mon opinion, et, comme on dit à l'école, me donner « la preuve de mon addition ».

Dès l'instant que madame Bazaine ne voulait pas se borner au strict nécessaire, à l'indispensable, et voulait faire de son récit un petit morceau littéraire, — peut-être eût-elle dû montrer plus de confiance à celui des journalistes qui avait pris la tête de la poursuite et avait le premier atteint les fugitifs, et le prier de lui faire quelques observations critiques ; — une fois certain de tenir le « morceau », le journaliste plus calme,

pour suivre ma comparaison de tout à l'heure,
n'aurait plus imité ce requin légendaire dans
lequel les matelots retrouvèrent un camarade
disparu avec tous ses vêtements et sa pipe; — il
eût certainement biffé certains détails oiseux
contre lesquels Boileau conseille de se tenir en
garde, et donné au récit au moins un peu plus
de la vraisemblance qui lui manque, vraisemblance dont peut se passer la vérité, mais qui est
indispensable au mensonge.

Constatons en passant que je ne me permets
de critiquer madame Bazaine que comme feuille-
toniste; comme femme je rends hommage à son
courage, à son énergie, à son dévouement, —
qui n'avaient pas besoin, pour être appréciés,
d'ornements étrangers et d'agréments postiches.

Dans la nécessité toujours fâcheuse de ne pas
dire la vérité, à cause de ceux qu'on ne devait
pas compromettre, — il eût été, je le répète,
plus facile, plus digne, et plus utile à ceux dont
on voulait détourner les soupçons, de ne faire
que la dissimuler, — d'écrire simplement au
ministre : « Ne cherchez pas de complices à

l'évasion de M. Bazaine, — deux seules personnes ont eu connaissance du projet et ont aidé à l'exécution, madame Bazaine et M. Rull. »

Plus un mensonge est gros, plus il présente de surface, plus il doit montrer de côtés faibles, — plus une ville est étendue, plus elle a de chances d'offrir aux assiégeants un point peu ou pas fortifié où on peut faire brèche.

Par exemple, à quoi bon le détail des allumettes ?

Si c'était vrai, ça ne servirait qu'à prouver qu'il fallait qu'on fût bien certain qu'il n'y avait pas danger à provoquer l'attention des sentinelles ; mais, je ne dirai pas seulement pour les marins, mais pour le dernier des canotiers de la Seine, c'est une chose connue que la difficulté de faire prendre feu à une allumette, avec le moindre vent sur la mer ou sur la rivière, — même depuis que c'est l'État qui les vend, circonstance qui avait fait espérer qu'elles seraient meilleures, ce qui est loin de s'être réalisé.

Or, dans la nuit de l'évasion, il faisait un de ces vents que, sur la côte normande, on appelle « un vent à décorner les bœufs » et sur les plages provençales « à arracher la queue aux ânes ».

Quelques autres détails assez curieux donnés par madame Bazaine :

Madame Bazaine et son neveu, ne sachant ramer ni l'un ni l'autre, après avoir accosté un rocher battu par une mer furieuse, et s'être maintenus dans le ressac, — ce que n'auraient pu faire les deux meilleurs matelots — et ayant perdu un aviron, recueillent le prisonnier et gagnent tranquillement à la rame le navire italien à plus d'une demi-lieue de l'île ; — on accoste le navire.

On monte à bord et on présente M. Bazaine comme un vieux domestique qu'on est allé chercher à la *villa* qu'on occupe à Cannes ; mais on a raconté que les vêtements de M. Bazaine sont en lambeaux, — et on ne dit pas que le capitaine et l'équipage aient été un peu surpris de la livrée de ces jeunes gens riches qui payent un navire mille francs par jour pour se promener sur la mer par le mistral, et y subir les conséquences, comme le dit madame Bazaine « d'un horrible mal de mer dont elle est restée brisée ». Puis on envoya un matelot à terre remettre à sa

place le canot que madame Bazaine et son neveu
ont si lestement mis à la mer. — Arrêtons-nous
un moment sur ce point : — la position de la
Croisette, lieu désigné par le récit, l'expose à recevoir en plein les lames énormes que cette nuit-
là le mistral devait soulever sur les bas-fonds de
cette partie de la plage ; — donc, les pêcheurs et
les marins avaient dû remonter leurs embarcations assez haut pour les mettre à l'abri, —
c'était une besogne qui aurait demandé deux
hommes solides que de redescendre un canot, et
il eût fallu qu'ils fussent expérimentés, surtout
pour « l'enflouer », car, à moins de le tenir absolument le « nez au vent », ce qui n'était pas facile, la moindre déviation eût opposé à la lame
le flanc du canot, et la deuxième ou la troisième
lame, peut-être la première, l'eût rempli, coulé,
roulé et brisé ; — mais ce n'est rien encore, —
on a enfloué le canot, on a accosté les roches de
l'île, on a gagné le navire, et on renvoie par un
matelot du bord le canot à la place précise où on
l'avait pris ; — je le veux bien ; le matelot arrive à
terre, abandonne le canot, et... retourne au navire. — Comment ? à la nage ? c'est aussi fort que
la descente de M. Bazaine avec des ficelles...

Il faudrait prendre une à une chacune des lignes du récit dicté et signé par madame Bazaine, et dans chaque ligne on signalerait souvent une invraisemblance, plus souvent encore une impossibilité.

J'ai reçu à ce sujet une lettre de Léon Gatayes, — lui qui, pendant longtemps, n'avait pas de plus agréable passe-temps que de faire la traversée du Havre à Honfleur à cheval sur le beaupré du paquebot, par des mers houleuses, ce qui, à chaque mouvement de tangage, le faisait plonger dans l'eau jusqu'aux hanches. — Gatayes, qui connaît et la mer et les bateaux, a pris pendant deux jours le récit de madame Bazaine pour une plaisanterie inventée par le journal qui le publiait, et il s'empressait d'acheter les numéros suivants pour y lire l'aveu de la mystification; puis, quand il a été convaincu que c'était « sérieux », alors il a ri « à en être malade ».

Outre la lettre de Léon Gatayes, et plusieurs autres, j'en ai reçu une d'un inconnu qui me fait de vifs et puérils reproches et me dit quelques

16

injures assez sottes à propos de mon appréciation de l'évasion.

Je ne parlerais pas de cette lettre sans un détail que voici :

Mes lecteurs n'ont peut-être pas remarqué qu'ayant, dans des chapitres précédents, appelé le prisonnier de l'île Sainte-Marguerite M. *de* Bazaine, je l'appelle aujourd'hui M. Bazaine.

Il paraît que ce *de* ne lui appartient pas ; d'ordinaire, dans le doute, j'aime mieux donner un *de* en trop, qu'un *de* en moins.

Ça m'est si égal !

Mais mon correspondant se trompe fort, si, par sa remarque et la suppression du *de*, il croit diminuer l'homme qui s'est, hélas ! suffisamment diminué lui-même.

Sortir d'une famille de petits bourgeois ou même d'artisans, ce que j'ignore, mais ce qu'affirme celui qui m'écrit, pour arriver à être général d'armée, maréchal de France et sénateur ; — c'était avoir parcouru plus glorieusement un plus grand chemin. — Plus le point de départ est bas, plus celui qui arrive au sommet s'est élevé.

Il est triste que ça ne lui ait servi qu'à tomber de plus haut.

Quelques journaux, selon leur couleur, — ont appelé M. Bazaine : le *maréchal* ou l'*ex-maréchal*.

M. Bazaine ayant été dégradé par un tribunal régulier, c'est manquer au respect dû à la loi et à la justice que de lui conserver un titre qui ne lui appartient plus.

L'appeler *ex-maréchal*, c'est accoler à son nom chaque fois qu'on le prononce une épithète flétrissante en deux lettres, c'est manquer au respect qu'on doit à divers degrés au malheur même mérité, c'est marcher sur un homme abattu, sur un homme à terre.

C'est donc en sachant très bien ce que je fais et pourquoi je le fais, que je l'appelle, — M. Bazaine — ou de Bazaine.

Les journaux ont publié une lettre d'une des deux Anglaises que la police a un moment cherchées, et dont, mieux informée, elle a abandonné la poursuite.

Cette lettre est de la plus ridicule outrecuidance et menace la France du courroux du gouvernement anglais.

Ces deux personnes, une *dame* et une *demoi-*

selle, avaient pris l'habitude d'aller le soir faire
de la musique et chanter en bateau sous les fenêtres du prisonnier; — il est peu décent et peu
convenable de braver les lois d'un pays auquel
on demande l'hospitalité et son soleil pour sa
chlorose, — et l'autorité locale a eu un grand
tort; elle aurait dû avertir ces personnes une
fois, et à un second accès de ces fantaisies hys-
tériques, leur faire passer une nuit au violon
pêle-mêle avec les autres demoiselles qui *flirtent*
trop tard ou dans les endroits non autorisés.

Il paraît que le colonel Villette allait flirter
de plus près, et passait chez ces prime-donne
d'opérette des soirées extrêmement agréables.

En général, dans cette évasion, il y a trop d'o-
péra-comique et trop de roman.

Trop de *Richard Cœur-de-lion* pour les *miss*.

Trop de *Monte-Cristo* pour madame Bazaine.

Pourquoi parle-t-on encore de M. Bazaine?
N'a-t-on pas épuisé les bourdes et les billevesées
et les naïvetés? Va-t-on crier à l'orgueil si je
constate que les *Guêpes* seules ont vu clair?

L'enquête qui, dit-on, est terminée, ne regarde
pas M. Bazaine, — elle regarde ceux qui sont ac-

cusés d'avoir manqué à leur devoir et désobéi à la loi.

Quant à lui, — il a fini d'exister et comme homme politique et comme homme de guerre; il ne peut être utile à personne, et il ne peut faire du mal qu'au parti qui l'accueillera; — comptez ce que sa visite à Arenemberg a déjà fait perdre de terrain à la veuve et au fils de Napoléon III.

M. Bazaine — regrettera peut-être avant qu'il soit peu, l'asile de l'île Sainte-Marguerite et demandera à y rentrer.

On m'écrit : Voilà M. Bazaine libre, — mais que va-t-il faire de sa liberté?

M. Francisque Sarcey, — qui a comme moi appartenu à l'Université, a traité dernièrement une question dont les *Guêpes* se sont occupées autrefois à plusieurs reprises, — la question des *pensums* dans les lycées, collèges, etc.

Il en a blâmé l'abus, j'en ai plus d'une fois blâmé l'usage, — il prêche la modération, j'ai prêché la suppression, — il ne les admet que dans certains cas, je ne les admets dans aucun.

16.

Il donne avec beaucoup de raison et de sagacité pratique, comme cause de la difficulté que
présente la discipline d'une classe, — le nombre
exorbitant des élèves qui la composent; — en
effet, au collège Bourbon (Aliàs Bonaparte, —
Condorcet, — Fontanes, etc.), où j'ai été élève
et professeur, — chaque classe était composée
de deux divisions et chaque division au moins
de soixante élèves.

Je ne sais si M. Sarcey, — a ajouté aux difficultés que présente un pareil nombre pour maintenir la discipline, — l'impossibilité de faire
marcher soixante élèves du même pas; d'où il
s'ensuit que, sur soixante élèves, il y en a à peine
dix ou douze qui suivent réellement le cours, —
et que le reste perd complètement son temps et
son ennui, — de sorte que j'affirme que l'élève
qui, à un concours, est le dernier en rhétorique,
ne serait pas le premier dans la classe de sixième
qu'il a quittée six ans auparavant, — d'où il faut
tirer la conséquence que ces six années sont je-
tées au vent.

Revenons aux pensums :

Les « pensums voraces », — punition qui consiste à faire copier,

Pendant la récréation,

A un enfant, — un certain nombre de vers latins, grecs ou français, — ou cinq fois les verbes, — je *bavarde*, — je *fais du bruit*, — je *réponds*, — je *raisonne*, etc.

J'ai connu des élèves qui ne jouaient pas deux fois par semaine, étant sans cesse « écrasés de pensums », terme consacré et accepté par les professeurs et les élèves.

J'en ai connu qui ne jouaient jamais.

Or, à cet âge, on ne contestera pas,

Que les enfants ont autant besoin d'exercice que de latin, — et que, au point de vue de la santé, ils en ont beaucoup plus besoin;

Qu'il faut être homme avant d'être bachelier;

Que la France a beaucoup trop de bacheliers et qu'il est à craindre qu'elle n'ait pas assez d'hommes.

C'est déjà beaucoup pour les enfants de passer tous les jours une dizaine d'heures assis sur des bancs, dans des classes souvent trop petites, toujours trop peu aérées ; — à cet âge tout est développement et croissance, — à cet âge on prépare la santé ou les maladies de toute la vie, — « la récréation » doit compenser et réparer les inconvénients, disons mieux, les dangers de ces heures renfermées et sédentaires, par des jeux violents, des exercices fougueux. —Eh bien, ce sont les plus vifs d'entre les enfants, les plus turbulents, c'est-à-dire ceux qui ont naturellement le plus besoin de mouvement, qui ont le moins de récréation, — qui passent le plus d'heures tristes, — assis et immobiles.

C'est comme cela que l'on fait des hommes chétifs, malingres, méchants et lâches.

Ne pourrait-on pas, disais-je déjà il y a vingt ans, au lieu de ces punitions ridicules qui consistent à faire copier aux enfants une centaine de vers pendant huit ans, — ne pourrait-on pas imaginer des punitions qui ne leur enlèveraient pas le grand air et un exercice indispensable à leur santé et aux développements de leur être physique ? — Les priver de récréation, c'est-à-dire de jeux actifs, violents, bruyants même, c'est aussi absurde que si on leur retranchait, par punition, une partie de leur nourriture.

On a imaginé le **pain** sec par punition, il est vrai, mais ça n'a pas inventé la diète.

Il faut absolument supprimer les *pensums;* — *voraces,* comme les appelle Victor Hugo, — le premier Hugo, — Hugo, à la fois l'ancien et le superbe, — dans ces vers divinement beaux, — *Ce qui se passait aux Feuillantines.*

Voraces, car ils dévorent la joie, la gaieté, la force et la santé des enfants, — et les remplacent par l'ennui, — que dans la même pièce Hugo peint si admirablement :

> L'ennui,
> Ce pédant, né dans Londres, un dimanche en décembre.

Et je proposais de remplacer les pensums par une occupation « non amusante », qui exercerait les forces en plein air, — bêcher la terre, tirer de l'eau à un puits, porter du sable sur une brouette, arroser le jardin, etc.

Ces *corvées* substituées au *pensum,* tout en privant l'écolier paresseux et insubordonné des jeux qui l'amusent, ne le priveraient pas de l'air et de l'exercice, sans lesquels il ne peut ni vivre ni se développer.

Un jour, je crus avoir gagné en partie mon procès, je ne sais plus quel « grand maître de l'université », on appelait alors ainsi le ministre de l'instruction publique, — fit un demi-coup d'État. C'était vers 1840, je crois ; — il n'osa pas supprimer le pensum, — cette antique euménide, mais il le réduisit à n'occuper « qu'une partie de la récréation ». On mettait des limites à la *voracité* du pensum, — il ne dévorerait plus qu'une partie des récréations, qu'une partie de la santé des enfants : il les dévorait, il ne fera plus que les grignoter.

Ce n'était pas assez, mais

. C'était un pas en avant, j'attendis ;

A cet ukase du grand maître, — je fus joyeux et fier, — et je retrouve dans un écrit d'alors ce chant de triomphe :

« O Lycéens, vous qui serez la postérité, ne l'oubliez pas ; c'est moi qui, le premier, ai osé attaquer cet ogre redouté, le pensum ; c'est à moi que vous devrez prochainement sa destruction ; c'est à moi que vous devrez d'être des jeunes hommes, sains, vigoureux, souples et hardis, — honnêtes et francs ; — vous apprendrez à vos enfants que si Hercule a détruit l'hydre de Lerne,

si Ulysse a tué Polyphème et Thésée le Minotaure,
— Alphonse Karr a vaincu et tué le pensum, —
hæc otia fecit. »

Mais ou le ministre pensa à autre chose et ne
surveilla pas l'exécution de ses ordres, — la *question politique* était déjà inventée, — ou il fut
remplacé par un autre ministre.

Dernièrement M. Jules Simon, — un autre des
boucs émissaires du moment, — dans son passage au ministère de l'instruction publique, avait
apporté des modifications très utiles et très
sensées, — son successeur, ses successeurs plutôt, car les changements sont fréquents, se sont
empressés de détruire ces modifications.

En effet, — voici un homme qui arrive aux
affaires, on lui confie un portefeuille. — Va-t-il
continuer son prédécesseur? Jamais, car alors
pourquoi lui aurait-on donné sa place, il se serait
mieux que personne continué lui-même; laissera-
t-il les choses dans l'état où il les trouve? Pas
davantage, pour plusieurs raisons; — il n'est
arrivé au pouvoir qu'en déblatérant avec une
coterie contre ceux dont on voulait prendre les
places et en annonçant que tout irait bien aus-

sitôt que les membres de la coterie dont il fait partie auraient remplacé les ministres, membres d'une autre coterie ; — laisser debout ce que faisait le ministre qu'on remplace, ce serait se donner un démenti, — il ne perdait donc pas la France, comme on l'avait tant répété ; on veut faire soi-même ou avoir fait quelque chose, — on ne fera probablement pas mieux, mais on fera autrement ; — le moyen le plus facile de faire quelque chose, c'est de défaire ; — un démolit en vingt-quatre heures ce qu'un au`re a mis dix ans à bâtir ; — d'ailleurs, nos hommes politiques, comme la plupart des Français, sont presque tous sapeurs et démolisseurs ; — les maçons et les architectes sont rarés.

Comment faire un progrès quelconque, surtout dans l'instruction et l'agriculture, — avec ces changements fréquents de ministres ? — Aux uns comme aux autres, on ne demande ni aptitudes, ni études spéciales. — Il est un jeu d'enfants qui consiste à énumérer les divers métiers et les outils ou instruments nécessaires pour les exercer ; — on saute sur le dos d'un camarade, momentanément « cheval » et on le remplace si l'on hésite.

« Pour faire un bon maçon, — tirlifaut, tirlifaut, — une truelle, une règle, une auge, etc. »

A ce jeu-là, les enfants diraient : « Pour faire
un bon ministre, tirlifaut, — connaître quelque
peu les affaires qu'il va avoir à diriger. »

Erreur. — Pour être un bon ministre, il faut,
selon le ministère qui arrive, faire partie du
centre droit ou de la gauche, — de telle ou telle
coterie.

M. un tel est proposé pour ministre de l'agriculture ou de l'instruction publique, parce qu'il
votait contre le ministère précédent avec MM. tels
et tels dans une question de politique étrangère
qui a renversé ce ministère.

Et?...

Quoi... et?... ça suffit.

Est-il besoin de faire remarquer à mes lecteurs
que les seuls ministres qui ont eu une influence
heureuse sur leur pays sont ceux qui, par une
longue station au pouvoir, ont pu appliquer au
système étudié des idées longtemps élaborées,
—marcher en ligne droite ou sinueuse, à un but
connu et défini d'avance, Sully, Richelieu, Colbert, etc.

Comment veut-on que les affaires progressent ou seulement se maintiennent avec ces gens qui traversent le pouvoir, montent, descendent, remontent pour redescendre encore?

On ne marche même pas en zigzag, — en marchant en zigzag, on marcherait et on arriverait tôt ou tard quelque part, on va, on revient, on tourne, on piétine.

Ceux qui sont au pouvoir se défendent contre l'assaut de ceux qu'ils ont renversés, — et ne font rien autre.

Ceux qui font le siège du pouvoir, harcèlent, fatiguent, entravent sans relâche ceux qui les ont remplacés et qu'ils veulent remplacer à leur tour.

— Mais, direz-vous, sous une monarchie, il y a le roi qui peut avoir ses idées, son plan, — et les faire suivre par ses ministres.

— Parlez-vous de la monarchie du droit divin? elle a un inconvénient; elle n'existe plus et n'existera jamais en France désormais; — d'ailleurs, ces princes nés sur le trône, sans expérience de la vie ni des affaires, — très mal élevés, — nourris dans l'erreur et le mensonge, quand il s'est passé quelque chose de sérieux sous leur règne, n'y ont contribué qu'en laissant faire.

Quant à la monarchie constitutionnelle-représentative, ce n'est pas le roi qui choisit ses ministres, c'est la majorité de l'Assemblée qui les lui impose, les renverse, les change au hasard de ses caprices et des coalitions qui ne permettront jamais plus à aucun ministère d'avoir une certaine durée.

Ces ministres, auxquels on ne demande que d'appartenir à la coterie momentanément triomphante, — ressemblent à ce grand seigneur économe qui, ayant à remplacer son cocher et son valet de pied, — fait passer un examen à ceux qui se présentent pour remplir ces fonctions.

Le cocher est-il habile, doux pour les chevaux, ne buvant pas l'avoine, connaissant la ville?

Le valet de pied est-il honnête, civil, *usagé?*

Vous n'y êtes pas, — il examine si leur taille et leur corpulence leur permettent d'occuper et de remplir, sans les faire crever ou sans faire trop de plis, — les habits de livrée encore tout neufs qu'il vient de faire faire pour les deux coquins qu'il a chassés.

Ils rappellent aussi un autre personnage qui écrivait à son intendant : « Envoyez-moi un domestique qui s'appelle *Jean*. »

C'est pourquoi,

Si nous devons être gouvernés par la république, — ou par une royauté constitutionnelle,

Il faut absolument, — que le président nomme pour tout le temps de son mandat, — que le roi nomme pour dix ans, des *ministres d'affaires*, — pris, non dans l'Assemblée, mais parmi les notoriétés spéciales, — qui ne pourraient être renversés qu'à la suite d'une accusation de malversation ou de trahison, portée devant une haute cour.

Qu'ensuite on livre, — comme on fait des loques rouges aux grenouilles, — l'amorce des portefeuilles aux ambitieux, aux présomptueux, aux bavards, aux déclassés, aux décavés, etc., etc., qui seraient renversés, remplacés, supplantés, — tant qu'on voudrait, — on les appellerait ministres de langue, — ministres de... blague, — ministres de maroquin; — ils auraient des portefeuilles rouges, verts, bleus, blancs, — comme les jockeys ont des vestes.

Outre le grand portefeuille, ils en porteraient deux petits au collet de leur habit.

Ils jaseraient, discourraient, s'injurieraient, déclameraient, — tant qu'ils voudraient; — on autoriserait des *agences des poules* des ministres de maroquin, — ça amuserait la galerie, — on jouerait, on parierait, — mais on jouerait chacun son argent, — on ne mettrait plus au jeu la fortune et l'honneur de la France.

Car ces ministres... de la blague n'auraient aucune influence sur les affaires, — aucune autorité, — ils pourraient dire des sottises et des inepties et des énormités, — sans aucun danger pour le pays; — alors ça pourrait être drôle et même farce de voir M° Gambetta ou M° Laurier ministre, — et ça ne serait pas un péril.

Comme traitement...

Ah! là est un point délicat.

Comme traitement on leur accorderait, on leur allouerait...

Une faveur toute spéciale, une distinction unique et des plus honorables,

Seuls,

Ils ne toucheraient pas l'*indemnité des députés*;

Ce qui les élèverait prodigieusement au-dessus de leurs collègues.

Tous les jours, il y aurait lutte d'éloquence, tournois d'injures, assaut de... blague.

Tous les mois, on changerait les ministres..., j'entends les ministres... de maroquin, — les autres, les ministres d'affaires, travailleraient ailleurs.

On ferait et on apposerait des affiches, — on publierait à l'avance les noms des orateurs et des lutteurs.

Il y aurait là de quoi satisfaire les politiques de café, de cabaret et de chambrées.

Les journaux jugeraient les coups.

Les ministres d'affaires, tous les trois mois, rendraient compte de leur administration, qu'on ne pourrait discuter que pendant vingt-quatre heures.

Cela me paraît tout à fait indispensable, si nous avons la république ou une royauté représentative.

Mais je ne cache à personne que tous les jours s'accroît d'une manière inquiétante le nombre des gens qui, pour dans six ans et demi, demandent :

Un Tyran.

On parle d'un pétitionnement sur une large échelle.

Le procès fait aux complices présumés de l'évasion de M. Bazaine est commencé lorsque j'écris ces lignes, et sera jugé quand elles paraîtront.

L'accusation, jusqu'ici, a accepté une base fausse, la fable ridicule d'un jeune homme qui sait peu ramer et d'une femme qui ne le sait pas du tout, — c'est-à-dire hors d'état de traverser en bateau, en ligne droite, le lac d'Enghien, et peut-être le grand bassin des Tuileries, — menant, par une *grosse mer*, — une embarcation à une demi-lieue de distance, et accostant des rochers sur lesquels la mer déferle avec fureur.

C'est-à-dire exécutant une manœuvre qu'il n'est pas du tout prouvé qu'eussent pu exécuter deux marins vigoureux et exercés.

Tous les juges et tous les jurys de la terre, — tous les peuples de tous les pays viendraient me dire : Madame Bazaine et M. Rull ont, dans la nuit de l'évasion, pris un canot à Cannes et ont

accosté les rochers *au vent* de l'île Sainte-Marguerite, je dirais sans hésiter :

Ça n'est pas vrai.

Une figure intéressante, c'est celle de M. le colonel Villette, partageant la captivité de son général.

J'avoue que je m'attendais à ce qu'en peu de
mots, disant au tribunal les causes de son amitié
pour M. Bazaine, expliquant l'influence physique
et morale qu'exerçait la captivité sur le prisonnier, — M. Villette avouerait sans réticences la
part qu'il avait prise à l'évasion, — et s'en remet-
trait pour la peine à la justice du tribunal.

J'aurais défié les juges les plus rigides de
n'être pas touchés de cette attitude et de ne pas
demander à la loi toutes ses indulgences, — le
jugement étant suivi immédiatement d'une demande en grâce adressée par le tribunal au président de la République, — qui n'aurait pu la
repousser. — Il a préféré nier, — disons alors
qu'il n'a pas aidé M. Bazaine, — mais disons aussi
que son innocence le diminue.

Une circonstance remarquable, — c'est la contradiction flagrante des témoignages.

Parmi ces témoignages, il en est plusieurs qui me paraîtraient suspects si j'étais le procureur de la République ; — c'est, entre autres, celui du capitaine du navire italien, qui pourrait bien avoir agi à l'insu de ses commanditaires.

Et celui du cantinier Rocca, qui a loué l'embarcation et qui a été, après l'évasion, disent les journaux, *largement récompensé* de l'inquiétude qu'il a eue sur le sort de son canot.

Quant à « la fameuse corde », le directeur de la prison nie complètement la possibilité pour « M. Bazaine, *fatigué, très gros, maladroit des mains et ayant mal aux jambes* » de s'en être servi pour son évasion.

Qu'il me soit cependant permis de dire, — que la justice a atteint son but, qu'elle a frappé les « coupables ».

Mais,

Qu'elle a fait ce qui arrive à certains chasseurs habiles et expérimentés ;

Elle a

« Tiré au juger. »

C'est-à-dire que, sachant ou pensant que le

17.

chevreuil, ou le lièvre, ou le renard est dans un buisson ou dans un fourré, calculant rapidement, intuitivemeut, depuis quel temps il y est entré, le chemin qu'il a pu y faire, l'instinct qui le porte à se blottir, — le chasseur ou la justice, sans voir précisément le chevreuil ou le renard, vise le point du hallier, du fourré, du buisson où il le pense caché, — et l'atteint par un effet de sagacité, d'intelligence, de lucidité, d'esprit et de déduction logique.

On doit donc conclure et admettre sans hésitation que la justice a frappé juste, — a frappé en réalité des accusés ayant contribué à l'évasion de M. Bazaine, soit par aide, soit par connivence, soit par négligence.

Mais,

Les a-t-elle frappés tous?

A-t-elle pu discerner les circonstances? A-t-elle su la vérité sur les détails, sur les assertions?

Mon opinion formelle est qu'on n'a pas su ou qu'on n'a pas dit la vérité.

M. Bazaine, prisonnier à l'île Sainte-Margue-

rite, s'est évadé, — il a été aidé par le secours,
la connivence, la négligence de tels et tels, —
lesquels sont condamnés à expier ce délit par
un emprisonnement plus ou moins long, — le
jugement est parfaitement équitable, — il n'y
a pas à cela la plus petite objection à faire, — je
n'en fais aucune.

Mais *je ne crois pas* que M. Bazaine soit descendu au moyen d'une corde *de la forteresse*, la
négation du colonel Villette appuie beaucoup
mon opinion à ce sujet, — il a pu croire qu'il
répondait à cette question : Avez-vous aidé à l'é-
vasion de M. Bazaine, *au moyen d'une corde dont
vous teniez le bout?*

*Je suis parfaitement certain, que Mme Bazaine
et M. Rull n'ont pas accosté l'île « au vent »
et les rochers sur lesquels la mer déferlait, —
avec un canot pris à Cannes.*

Sur le premier point, je me suis déjà expliqué
suffisamment, — et d'ailleurs je dis seulement
sur ce point : *je ne crois pas,* — je n'insiste donc
pas.

Mais, sur le second point; — après avoir déjà
affirmé que, cette nuit-là, — trois hommes dont

je faisais partie, — trois hommes vigoureux et très exercés à la mer, dont un marin de profession, sont convaincus qu'ils n'auraient pu faire — ce que prétendent avoir fait M. Rull, sachant peu ramer, et madame Bazaine, ne le sachant pas du tout, — j'affirme de nouveau que, si l'embarcation qui a porté M. Bazaine au navire italien — venait de ce navire, comme je le crois, non seulement elle bordait quatre ou six avirons pour le moins, et était montée par cinq hommes ;

J'affirme de plus, que, même ainsi montée, l'embarcation n'a pas accosté l'île et les rochers *au vent*, c'est-à-dire là où madame Bazaine prétend les avoir accostés, — comme il est nécessaire pour le roman, et comme l'*instruction* semble l'avoir admis.

Je continue à penser que le capitaine du *Ricasoli* a peut-être, à l'insu de ses armateurs, fourni l'embarcation.

Quant au cantinier Rocca et à son canot, — je défie qu'on me trouve un autre marin — confiant à des inconnus, surtout à un jeune homme et une femme, la nuit, par un mauvais temps, — il était très mauvais cette nuit-là, — une embarcation, qui lui coûte au moins trois cents francs, — en se contentant d'un louis pour cautionnement; — de plus, le maître de barque devait être et savait qu'il devait être réprimandé et puni :

1° Pour exposer ces deux personnes à une mort à peu près certaine;

2° Pour leur avoir fourni les moyens d'accoster l'île qui renfermait un prisonnier d'État.

Je répète que madame Bazaine ne sachant pas du tout ramer, — et M. Rull le sachant très peu,

Sont incapables de traverser en plein jour et de beau temps, en ligne droite, le grand bassin des Tuileries.

Je ne connais qu'une analogie à ce haut fait maritime, — et je suis forcé de l'emprunter à un poème du Tasse, — son premier poème.

Renaud de Montauban, fils du duc Aymon de Dordogne. — Renaud et Florinde qui est un homme, malgré son nom féminin, montent un petit navire qui les conduit seul, sans pilote et sans matelots, aux diverses aventures qu'ils doivent mettre à fin.

C'est dans le chant 8ᵉ de *Rinaldo innamorato*.

Je ne parlerai pas de l'épisode de la visite, dans l'île, du préfet des Alpes-Maritimes, — et du refus fait par le ministère public de lui adresser quelques questions.

M. de Mac-Mahon se souvient-il qu'une des promesses qu'il fit, lorsqu'il succéda à M. Thiers, est celle-ci : Que la présidence serait le règne de la justice et de la loi. — Cette promesse fut, comme elle devait l'être, accueillie avec faveur, — surtout venant d'un homme dont la réputation de loyauté est si bien établie.

Eh bien! voici M. Bazaine dégradé, en prison, au moins moralement — en partie ruiné, et M. Ollivier, M. de Grammont, M. Lebœuf, qui ont fait cette guerre criminelle, ne sont pas inquiétés.

Quelqu'un, après avoir lu le rapport sur le camp de Conlie, peut-il dire en conscience que Mᵉ Gambetta n'ait pas commis, en cette circonstance, des crimes au moins aussi punissables que ceux reprochés à M. Bazaine?

Si c'est là le règne de la justice et de la loi, il faut que ce soient deux mots que M. le président de la république entend autrement que moi.

Il y a quelques temps, — l'année dernière, je crois, il se créa à Nice une sorte de journal — qui exprimait une fois par semaine la plus véhémente indignation contre le jeu en général, et, en particulier, contre la maison de jeu de Monaco.

Je suis parfaitement d'accord avec tous ceux qui s'élèvent contre le jeu comme passion, — je ne le suis pas avec ceux qui pensent réprimer cette passion en fermant les maisons de jeu, — je parle des maisons ouvertes, — placées sous la surveillance de la police — et où les chances que courent les joueurs sont connues et immuables.

Depuis la fermeture des maisons de jeu en France, le monde des cercles où l'on joue plus ou moins gros jeu s'est prodigieusement accru, — les tripots clandestins ne se comptent plus.

Dans les maisons de jeu, on n'est pas exposé à la fraude, à la tricherie, — par une raison bien simple, c'est que le banquier du trente et quarante et de la roulette n'en a pas besoin, — les combinaisons connues, visibles de ces jeux, lui assurent d'avance et inévitablement la certitude de gagner; — dans ces maisons on ne perd que l'argent qu'on a, on ne joue pas sur parole, etc.

C'est laid, quoique très orné, mais à la manière des égouts qu'il faut bien bâtir et entretenir tant qu'il y a des ruisseaux; — tandis que les cercles et les tripots sont des flaques d'eau, des fanges sans écoulement et qui s'étendent partout.

Revenons à mon anecdote.

L'indignation exprimée périodiquement et opiniâtrément contre la maison de jeu de Monaco un horrible et charmant coin de terre, un des asiles les plus splendidement ornés que le vice se soit jamais construits —, par le journal en question, n'était pas inexorable; — les moralistes austères qui le rédigeaient, étaient simplement des drôles qui avaient imaginé de jouer contre M. Blanc, le seigneur et Satan de cet enfer, — un jeu autre que la roulette et le trente et quarante, — et auquel ils espéraient bien gagner; — ils lui firent savoir que, moyennant je ne sais quelle assez grosse somme d'argènt, il dépendait de lui de changer le blâme en approbation et les invectives en éloges.

On trouva moyen de leur faire répéter cette proposition devant des témoins invisibles, — et on fourra lesdits moralistes en prison.

Depuis ce temps M. Blanc est, dit-on, poursuivi de l'idée fixe de ce genre d'exploitation, — auquel on assure qu'il s'est soumis plus d'une fois, — et il voit partout du « chantage »; c'est ainsi que les chevaliers d'industrie, — d'accord sur ce point, ce qui leur arrive rarement, avec la justice, — appellent ce genre de vol.

Dernièrement, dans les jardins de Monaco, — un étranger s'est tiré un coup de pistolet; — naturellement on courut faire part de l'aventure à M. Blanc.

« Ça, dit-il, — un suicide? — c'est du chantage. »

Quand vous allez faire une nouvelle constitution, ne prévoyez ni grand homme, ni homme débonnaire, ni homme intelligent, — fabriquez votre tournebroche de façon que dogue ou caniche, terre-neuve ou king-charles, — lévrier ou carlin puisse le faire également tourner et surtout n'en puisse sortir.

Que quelle que soit la personne que le hasard,
l'intrigue, l'hérédité, votre caprice vous donneront
pour maître, elle ne puisse vous causer que de
petits ennuis, de médiocres contrariétés, de
minces désagréments. — Mais qu'il ne dépende
pas d'elle, conquérant ou pacifique, despote ou
débonnaire, homme de génie ou crétin, — de
vous jeter dans de vrais malheurs, dans de réels
désastres.

Et cette constitution ainsi faite, — nommez qui
vous voudrez, — roi, empereur, président, sultan, czar, hospodar, sophi, protecteur, khan, etc.

Livrez-vous à votre nature papillonne, à
laquelle vous ne pouvez d'ailleurs pas résister.

Ne croyez plus que vous êtes des révolution-
naires, des esclaves altérés de liberté, mais re-
connaissez que vous êtes simplement des domestiques capricieux qui aiment à changer de maîtres.

Changez de gouvernement, changez de drapeau, changez de morale, changez de politique,
changez d'engouements, changez de fétiches, —
mais seulement après qu'une constitution vous
aura enfermés dans un rond inflexible, où tous
ces changements ne pourront pas vous empêcher

de garder deux chemises, pour pouvoir en changer aussi.

Il continue à être fort question de la prolongation des pouvoirs de M. de Mac-Mahon.

Si la chose a lieu, c'est une occasion dont il faudrait profiter pour déterminer en quoi consistent les pouvoirs du président de la République, — une occasion aussi, en les prolongeant, de faire dire aux gens : « Tiens, on les prolonge, ils ne sont donc pas éternels. » — De fixer les limites de ces pouvoirs, etc.

Tout le temps que M. Thiers est resté sur le trône, j'ai opiniâtrément demandé qu'on fît ce qu'on aurait dû faire la veille du premier jour de son règne.

Un dessin, une propriété, un pouvoir, n'existent que par leurs limites et leurs bornes; le crayon.

Je ne vais plus guère au théâtre depuis bien longtemps, — à tel point que je n'ai pas vu ma comédie des *Roses jaunes*, jouée au Théâtre-Français, il y a quelques années.

Je me souviens cependant d'une sorte de scène

qui se jouait autrefois sur les théâtres ma-
chinés, et qui doit être encore bien plus fréquente
depuis la mode des féeries, des pièces à tableaux,
à grand spectacle, à femmes et à décors, etc.

En ce temps-là, ça avait lieu surtout au Cirque
Olympique : pour disposer les décors, les trappes,
les *trucs*, — pour donner le temps de s'habiller
à une armée de figurants et de se déshabiller à
une armée de figurantes, il fallait des entr'actes
extrêmement longs.

Le public s'impatientait.

En vain, l'orchestre jouait une ouverture, deux
ouvertures, trois ouvertures.

En vain, cédant aux vœux du paradis, il jouait
la Marseillaise, *le Chant du Départ*, etc.

Si l'autorité trouvait mauvais, dangereux, sub-
versif, qu'on jouât ces airs, — le public les ré-
clamait, les exigeait avec ardeur, — parfois le
commissaire parlait au public ; — ça avait bien
vite fait de dépenser une petite demi-heure, —
mais, souvent, l'autorité laissait faire, et on entendait une fois, deux fois, trois fois pour son
agrément, ces beaux airs qu'on a fini par désho-
norer.

Mais pour les entendre quatre, cinq, six fois,

— il aurait fallu que ça chagrinât quelqu'un, — sans quoi il n'y avait plus de plaisir.

Alors on imitait le cri des animaux, — on jetait des pelures d'oranges et de pommes.

Si on avisait quelqu'un debout sur le devant d'une loge, causant avec les personnes placées au fond, on criait : Face au parterre, jusqu'à ce que le spectateur finît par comprendre qu'il s'agissait de lui, — et obéît à l'injonction.

Du temps de Louis XV, — quelques abbés allaient au théâtre; si l'on en voyait un dans une loge auprès d'une femme, on criait jusqu'à ce que l'abbé eût mis ses deux mains sur le velours de la loge, — ou s'en fût allé.

Faute de ce divertissement, aujourd'hui perdu, — il reste encore celui-ci :

Un homme et une femme sont seuls dans une loge; que l'homme se rapproche et se penche pour parler de plus près à la personne qui est avec lui, — le paradis, ou poulailler, se partage en deux camps; les uns crient :

Il l'embrassera.

Les autres :

Il ne l'embrassera pas.

J'ai vu une seule fois l'homme ainsi en scène malgré lui, baiser la main de la femme, et être couvert d'applaudissements.

Voici ce que les directeurs de ces théâtres, ou les auteurs, avaient imaginé, et ce que probablement ils font encore aujourd'hui.

Entre deux grands actes, à décors, à costumes, à *trucs*, à mise en scène, à évolutions, etc.; — ils placent un petit acte, un tableau, insignifiant, sans intérêt, un hors-d'œuvre, — un dialogue quelconque entre des personnages secondaires de la pièce, ou des acteurs qui n'ont pas à changer de costume. — Pour ce tableau, une toile de fond tombe à trois mètres de la rampe, — c'est un salon, ou une forêt, ou un palais, ou une mansarde, ou une prison, ou la mer, peu importe; le rideau levé, cet espace, avec l'avant-scène, suffit pour que deux ou trois acteurs puissent y réciter un bout de dialogue, faisant cinq ou six pas de largeur et deux ou trois sur la profondeur, en venant jusque sur les quinquets. — Ce bout de dialogue est généralement accompagné du bruit des marteaux et de la voix des machinistes; — ça n'est pas *poignant*, comme action; ça n'est pas navrant, comme intérêt; — mais ça occupe les yeux et un peu l'esprit des spectateurs ; — ils attendent que ça finisse, comme on attend sous une porte qu'une pluie d'orage cesse de tomber.

Or, pendant ce temps, ces machinistes qui crient, — ces marteaux qui frappent, préparent l'acte suivant avec ses décors, ses splendeurs, ses surprises; — pendant ce temps, on change ou on revêt les costumes, — on se groupe sur le théâtre, — les régisseurs placent les figurants et les figurantes, — on fait l'appel des *accessoires*, — quand on est prêt, l'acte postiche est fini, — on baisse le rideau, — l'orchestre joue quelques mesures, — on frappe les trois coups, et le public applaudit... la brièveté de l'entr'acte, — il est bien disposé et rien ne l'empêche de se livrer à l'admiration que lui cause ensuite le lever du rideau.

Eh bien! le règne de M. Thiers, — le pacte de Bordeaux, — la présidence de M. de Mac-Mahon, c'est le tableau entre deux actes, — on cause, on jase, on discute, on se querelle ou on fait semblant de se quereller sur le devant de la scène, les pieds sur la rampe, — mais tout ça, ça manque

de profondeur, — le public ne prête qu'une attention médiocre ou distraite à ce que débitent
les quelques acteurs qui n'ont pas à changer de
costume, ou les *utilités*, ou les *comparses* qui occupent le devant du théâtre ; mais ce qui l'intéresse, c'est de tâcher de surprendre et la signi-
fication des coups de marteau, et quelques paroles
des machinistes, — de saisir, par les bruits
qu'on dissimule le plus possible, si c'est sur le
côté *cour*, où le côté *jardin*, à droite ou à gauche,
que l'on place les décors et les portants; — au
lieu de trouver que la voix des machinistes et
les marteaux empêchent d'entendre les acteurs,
on aurait envie de faire taire les acteurs pour
prêter ses deux oreilles et toute son attention au
bruit des marteaux et à la voix des machinistes,
et de leur crier : Silence ! laissez-nous entendre
le bruit.

Que fait-on là, derrière cette toile du fond?

Quand le rideau s'abaissera, puis se relèvera
pour tout de bon,

Qu'est-ce que le théâtre va représenter?

Un palais ou une place publique?

Un péristyle ou un balcon?

La salle du trône ou une taverne?

Un jardin ou une forêt?

Une rue ou un grand chemin?

Et quels seront les personnages en scène? On entend piétiner, il y en aura beaucoup.

Seigneurs ou hommes du peuple?

Dames de la cour ou bohémiennes?

Bourgeoises ou danseuses?

Est-ce un ballet à la cour ou une *danse* qu'on donne ou reçoit dans la rue?

Est-ce la république radicale, l'internationale, la commune?

Est-ce la royauté légitime? La fusion?

La république modérée? *Idem* conservatrice? *Idem* sans républicains?

Est-ce la royauté constitutionnelle? *Idem* libérale? *Idem* sans roi?

Est-ce le drapeau rouge? Est-ce le drapeau blanc? Est-ce le drapeau tricolore?

Blanc, avec cravate tricolore? tricolore, avec cravate blanche? tricolore, avec fleurs de lis? Tricolore, avec abeilles?

Est-ce l'aigle? Est-ce le coq? Est-ce une branche de lis, — ou un bouquet de violettes?

18

Est-ce Henri V? Philippe II? Napoléon IV?
Adolphe Ier? Gaillard père et fils?

On frappe à gauche, on cogne à droite,
La toile! la toile!
Ah! voilà l'orchestre...

La Marseillaise!
Vive Henri IV!
La Parisienne!
La Reine Hortense!
Bon voyage, M. Dumollet!
Charmante Gabrielle!
O Richard, ô mon roi!
Le Chant du Départ!
Les Girondins!
Où peut-on être mieux qu'au sein de sa fa-
mille!

D'abord, la Marseillaise!
Non, d'abord la Reine Hortense!
Non, d'abord vive Henri IV!
Non, d'abord la Parisienne!
Non! tous les airs à la fois!
La toile! la toile!
Eh bien! — voilà où nous en sommes.

Parlons un peu des roses.

Charles Ier, roi d'Angleterre, monte sur l'échafaud, condamné pour crime de haute trahison contre la nation, le 30 janvier 1648. Un Anglais, lord Chesterfield, dit à ce sujet : « Cet acte fut fort blâmé ; si cependant il n'avait pas eu lieu, il ne nous resterait plus de libertés. »

On raconte que le roi portait au moment de sa mort la Jarretière que les membres de l'ordre ne doivent, dit-on, jamais quitter ; la sienne était couverte de quatre cents diamants.

Une jeune fille se glissa dans la foule, et put donner au malheureux roi une rose qu'il respira plusieurs fois avant de mourir.

Une autre personne royale, dont la fin ne fut pas moins lamentable, est Marie-Antoinette.

Sans son supplice, et surtout sans les jours de misère qui ont précédé ce supplice, l'histoire la traiterait plus sévèrement ; tandis que, purifiée par le malheur, elle est restée une figure intéressante.

Un des grands chagrins de sa vie a été l'*Histoire du collier*.

Un joaillier avait présenté à la reine un collier de diamants de 1,600,000 francs; et elle l'avait refusé, le trouvant trop cher.

Une comtesse de Lamotte (Jeanne de Valois), descendant de la famille royale des Valois par un fils naturel de Henri II, persuada au cardinal de Rohan que la reine accepterait de lui ce collier. Le cardinal acheta le collier, qu'il ne paya pas, le remit à la comtesse qui se chargeait de le donner à la reine, et lui procura la nuit dans un bosquet une entrevue avec une fille qui s'était fait une profession de sa ressemblance avec Marie-Antoinette. L'affaire fut connue par les réclamations du joaillier. Le roi fit mettre en jugement la comtesse de Lamotte et le cardinal. La comtesse fut condamnée à être fouettée et marquée, et mise à la Salpêtrière, d'où elle s'évada et se réfugia en Angleterre. — Le cardinal fut acquitté. C'est l'explication la plus probable et la plus acceptée de cette fameuse *affaire du collier* sur laquelle il est toujours resté quelque obscurité, et qui a été racontée et surtout commentée en beaucoup de façons différentes.

Marie-Antoinette, qui se résigna à la mort et

mourut noblement, ne se résigna pas à l'outrecuidance du cardinal qui avait cru pouvoir acheter
la reine.

Elle écrivait à sa sœur, l'archiduchesse Marie-
Christine :

« Je n'ai pas besoin de vous dire, ma chère
sœur, quelle est mon indignation du jugement
que le parlement vient de prononcer... c'est une
insulte affreuse, et je suis noyée dans des larmes
de désespoir. Quoi ! un homme qui a pu avoir l'audace de se prêter à cette sotte et infâme scène du
bosquet ! qui a supposé qu'il avait eu un rendez-
vous de la reine de France, de la femme de son
roi ; que la reine avait reçu de lui une rose, et
avait souffert qu'il se jetât à ses pieds !... être sacrifiée à un prêtre parjure, intrigant, impudique,
quelle douleur ! »

Il y a bien de la femme et de la reine dans ces
plaintes ; elle ne parle même pas de l'argent et
du collier, — ce qui lui fait horreur, c'est ce qui
ressemblerait à de l'amour. — Un rendez-vous !
se jeter à ses pieds ! lui offrir une rose !

A propos du pape captif. — des misères de

18.

l'Église, — des mandements des évêques, — ordonnant des prières pour obtenir du ciel la fin de ces calamités fabuleuses;

Et, entre les lignes, provoquant à la guerre pour rétablir leur puissance monstrueuse qui s'écroule;

Il n'est pas hors de propos, non pas de remonter aux martyrs, mais de rappeler les traitements que fit subir Napoléon Ier à deux papes, — Pie VI et Pie VII, et de se demander si ces deux prédécesseurs de Pie IX, ne se seraient pas volontiers arrangés du martyre de convention et des misères factices du pape actuel; — martyre, captivité, misères, qui rappellent singulièrement les faux boiteux, les faux manchots, les faux aveugles, qui étalent dans les rues leurs infirmités retouchées et repeintes le matin.

Pie VI voit ses principales villes prises par le général Bonaparte, — on lui fait livrer ses plus beaux tableaux et trente et un millions d'argent. — Bientôt détrôné, il est conduit mourant et enfermé à la Chartreuse de Florence, où un lieutenant de gendarmerie donne à celui qui le lui amène un écrit conçu en ces termes :

« Reçu un Pape en mauvais état. »

Pie VII est élu, — le premier consul devient empereur, — il *prie* le pape de venir le couronner à Notre-Dame de Paris, — on lui recommande d'amener une douzaine de cardinaux, — il marchande et n'en amène que quatre; — « On fit galoper le Saint-Père vers Paris, dit le cardinal Gonzalvi, comme un aumônier que son maître appellerait pour dire une messe. » — A Fontainebleau, il doit attendre l'empereur qui est à la chasse; — le jour du sacre, l'empereur se fait attendre une heure et demie.

L'empereur veut divorcer avec Joséphine; les lois françaises, les lois de l'Église s'y opposent, il brave les unes et les autres. C'était en 1810; — ordre aux principaux cardinaux de se rendre à Paris, — on leur donne vingt-quatre heures pour se mettre en route. — A Paris, ils reçoivent l'ordre d'assister au mariage de Bonaparte avec l'archiduchesse Marie-Louise; — ils refusent; Napoléon était excommunié depuis un an, — et ce mariage, pour l'Église qui n'avait pas admis le divorce avec Joséphine, était un acte de bigamie; — on les chasse du palais et de Paris, — et on leur fait savoir que leurs biens ecclésiastiques et privés sont confisqués; — on leur avait enlevé leurs robes rouges, — ils n'étaient plus cardinaux, et on leur défendait d'en porter les insignes.

Pie VII est pris dans Rome par le général Miollis; on l'amène à Savone, puis à Fontainebleau où il reste dans une vraie captivité jusqu'en 1814.

Le ciel détourne du Saint-Père actuel les vraies misères qu'ont subies ses prédécesseurs, — et lui fasse la grâce de supporter avec plus de patience, de résignation et moins d'hyperboles, les désagréments de sa situation actuelle.

A propos de la discussion puérile sur la couleur du drapeau, rappelons que le premier drapeau des anciens Romains a été une botte de foin au haut d'une pique; mais cette botte de foin, on lui obéissait, on l'honorait, on la suivait au combat.

> Signum erat e fœno, sed erat reverentia fœno.

Je ne suis pas sûr que ma mémoire retrouve ce vers tel qu'il est.

J'ai promis une petite citation de M. Veuillot, qui veut aujourd'hui qu'on rétablisse la royauté du droit divin, — c'est-à-dire le roi sous le prêtre, — Saül sous Samuel, — a exprimé à

d'autres époques des idées assez différentes. Je
trouve dans la *Revue libérale*, publiée en 1867,
quelques-unes de ces idées reproduites (*Univers*,
26 février 1848), je cite d'après cette *Revue* —
(tout prêt à rectifier s'il y a erreur). M. Veuillot,
imitant les sacrificateurs antiques, s'était couvert
d'un voile de pourpre ou plutôt du bonnet rouge.

Purpureo velare comas adopertus amictu.

VIRGILE.

« La révolution de 1848 est une notification
de la Providence. La monarchie succombe sous
le poids de ses fautes ; elle n'a plus aujourd'hui
de partisans. Jamais trône n'a croulé d'une façon
plus humiliante. Que la République française
mette l'Église en possession de la liberté, il n'y
aura pas de meilleurs républicains que les catholiques français. »   (*Univers*, 26 février 1848.)

« Une révolte à Vienne ! M. de Metternich renversé ! Personne ne sait en France, à l'heure où
nous écrivons, si l'empereur est encore sur le
trône. Ce que tout le monde sait bien, c'est qu'il
n'y est pas pour longtemps. La Lombardie est libre,
la Bohême est indépendante, la Galicie s'échappe

des entrailles du monstre qui l'avait mutilée avant
de l'engloutir : gage certain d'une résurrection
plus entière et plus prochaine. Tous ces gouvernements tomberont, moins encore par la force
du choc que sous le poids de leur indignité. *La
monarchie meurt de gangrène sénile.* Elle attend
à peine qu'on lui dise : Nous ne voulons plus de
toi, va-t-en ! Le coup n'est plus nécessaire, le geste
suffit. »   (*Univers*, 21 mars 1848.)

Et six mois après :

« De graves et douloureuses nouvelles arrivent
aujourd'hui de Vienne. La capitale de l'Autriche
est en pleine insurrection et l'empereur a pris
la fuite. »

« Nous n'oserions, dit la *Revue Libérale*, citer
les passages de certains articles de l'*Univers*, si-
gnés Louis Veuillot, et relatifs au président de la
République. Même dans une citation rétrospec-
tive, la violence de l'attaque ne serait pas tolérée.
Nous renvoyons le lecteur curieux de s'instruire
aux numéros de l'*Univers* du 24 et du 28 no-
vembre 1851. »

La note change après le coup d'État :

« Il n'y a ni à choisir, ni à récriminer, ni à dé-
libérer, il faut soutenir le gouvernement. Sa cause
est celle de l'ordre social..... Plus encore aujour-
d'hui qu'avant le 2 décembre, nous disons aux
hommes d'ordre : le président de la République
est votre général, ne vous séparez pas de lui, ne
désertez pas. Si vous ne triomphez pas avec lui,
vous serez vaincus avec lui, et irréparablement
vaincus. Ralliez-vous aujourd'hui, demain il sera
trop tard pour votre salut ou pour votre honneur ! »   (*Univers*, 5 décembre 1851.)

« Le 2 décembre est la date la plus anti révo-
lutionnaire qu'il y ait dans notre histoire. Depuis
le 2 décembre, il y a en France un gouvernement
et une armée, une tête et un bras. A l'abri de cette
double force, toute poitrine honnête respire, tout
bon désir espère. Le 2 décembre est tombée l'insolence du mal, et ceux qui menaçaient la société
sont abattus. Depuis le 2 décembre, il y a encore
en France une place pour le bien, une garantie
pour la paix, un avenir pour la civilisation. On
peut espérer que la loi régnera et non pas le
crime ; que la raison aura raison. »

(*Univers*, 19 décembre 1851.)

On me racontait l'autre jour — qu'un officier, après avoir conclu, des bruits qui courent, que l'officier qui n'accomplirait pas « ses devoirs religieux » pourrait bien être mal noté, et voir au moins retarder son avancement, annonça à ses camarades qu'il allait prendre les devants — et se confesser dès le lendemain.

Le matin, il entre dans une église, — cherche un confessionnal ; — une femme, qui était dedans, en sort ; — il n'a pu s'empêcher de la regarder du coin de l'œil, — néanmoins il va s'agenouiller à la place qu'elle quitte, — mais son esprit est troublé, — il ne sait plus que dire au prêtre ; — celui-ci l'aide à dire la première moitié du *Confiteor*, — puis.... attend ; — l'officier cherche, hésite... et finit par dire :

« Mon père, il fait bien chaud. »

Le public français a aujourd'hui une police mieux faite qu'aucun roi, à aucune époque, n'a pu se flatter d'en avoir une.

Les journaux, beaucoup mieux faits qu'autrefois sous ce rapport, sont à l'affût et à la poursuite de toutes les nouvelles. Aussitôt qu'une personne, par son rang, sa fortune, sa beauté,

un mérite, un ridicule, un crime quelconque,
attire l'attention publique, on la place sous la
haute surveillance des *chroniqueurs*. Les chroniqueurs aux champs, il n'y a plus pour cette personne de vie privée, il n'est pas un coin, fût-il
le plus secret de son appartement, où elle puisse
avoir la conviction d'être seule.

A table, à la toilette, à la promenade, en
voyage, au lit, elle est accompagnée, épiée,
observée. Elle a mangé ceci ou cela, elle porte
des chemises brodées (ici l'adresse de la bro-
deuse) elle a été saluée par M** et M***; elle ne l'a
pas été par M****; elle a souri à M*****.

Il y avait hier deux oreillers à son lit, elle ronfle,
elle a une fausse dent à la mâchoire supérieure
à gauche, elle se sert pour sa « toilette intime »
disent cyniquement la plupart des journaux du
monde, de telle eau ou de tel vinaigre, etc.

Tenez, j'ai copié dans le temps textuellement
quelques lignes que j'avais lues dans divers journaux.

« Mademoiselle Marion (la lectrice de l'impératrice, je crois), a eu le mal de mer. »

« S. M. l'Impératrice elle-même, tel jour, à
telle heure, a eu mal au cœur. »

« Le général Frossard, à Bastia, tel jour, à telle heure, a eu de fortes coliques. »

« Tel jour, à telle heure, l'empereur a présidé le conseil des ministres; le chef de l'État, pendant les deux heures qu'a duré le conseil, a dû faire de fréquentes absences. »

Je copie donc textuellement. Il n'y aurait rien eu de plaisant à inventer de pareils détails, et j'ajoutais en note.

« On a parlé d'abdication ces jours-ci; il y aurait vraiment de quoi, ne fût-ce, comme le Misanthrope de Molière, que

> Pour trouver sur la terre un endroit écarté,
> Où... d'avoir la colique... on ait la liberté. »

Il est vrai que cette publicité donnée à tous les actes de l'existence quotidienne ne déplaît pas à tout le monde.

Un chroniqueur — cette variété de chroniqueur s'appelle *reporter*, — fait savoir à « une illustration quelconque » que tel jour, à telle heure, il viendra lui prendre mesure d'une chronique.

« L'illustration » se prépare.

Il est dix heures, vite, mettez sur cette table

les livres que j'ai choisis dans ma bibliothèque;
sur ce petit pupitre, près de mon lit, ce volume
que j'ai acheté hier... un ouvrage du chroniqueur. Quel mal j'ai eu à y trouver une apparence
de pensée qu'on puisse citer. Avez-vous eu soin
de couper les feuilles jusqu'aux deux tiers du
volume? Froissez un peu la couverture. Coiffons-
nous... un peu de désordre dans les cheveux.....
ma robe de chambre de velours. Ah! faites dis-
paraître ce livre de***... Ils sont très mal ensemble.

Le portier est-il monté? A-t-il la livrée qu'il a
dû emprunter au domestique du baron? Dans
cette potiche, ce tabac turc que j'ai fait prendre
hier chez Ernest... très bien... et les deux pipes
turques : pourvu que ça ne me fasse pas mal au
cœur... ; baissez les rideaux.

On sonne, le *sujet* se regarde une dernière
fois dans une glace et étudie un sourire, il se
place à sa table, le front dans une main.

On a reçu le chroniqueur d'un air mystérieux,
on ne croit pas que monsieur y soit, cependant
si monsieur veut dire son nom...

— Ah! c'est bien différent : pour monsieur,
monsieur y est.

Entrée du chroniqueur, — *le modèle* a soin de se montrer autant que possible de profil ; — il fait succéder *un regard inspiré* à un *regard profond,* il cite le passage appris la veille, la pensée extraite du livre du chroniqueur.

Il répond à toutes les questions.

— Quel âge avez-vous ? Aimez-vous les épinards ? Votre dernière maîtresse était-elle brune ou blonde ? Êtes-vous brave ? Travaillez-vous beaucoup ? Quel est votre tailleur ?

Quelques jours après, on lit dans un journal :

« Je suis allé surprendre X... un matin ; la porte m'a été ouverte par des laquais en belle livrée ; j'ai trouvé X... au travail, ayant auprès de lui une pipe turque dont, selon sa vieille habitude, il aspirait de temps en temps une bouffée (description des spirales de la fumée) ; il m'en a fait donner une semblable. C'est du tabac d'Orient, du *latakié* que le khédive d'Égypte lui a envoyé après lui avoir fait une visite de quatre heures ; il l'a invité à l'ouverture de l'Isthme, mais il n'ira pas ; il ne veut pas se rencontrer avec l'impératrice dont les gracieusetés probables l'embarrasseraient.

» Il vit très retiré, il ne reçoit que des illustrations.

» Sa physionomie : le profil est..., le nez..., le regard tantôt investigateur et profond, tantôt inspiré. Il travaille beaucoup et passe une partie de ses nuits à lire les meilleurs ouvrages contemporains, et il fait, en causant, les plus heureuses citations. Il n'aime pas les épinards, il adore au contraire les femmes rousses; plusieurs princesses étrangères ont vu leurs avances repoussées parce qu'elles sont brunes ou blondes; il a eu des duels nombreux sur lesquels il a toujours gardé le plus profond silence, cela aurait compromis beaucoup de grandes dames. Il se fait habiller par le célèbre***. »

Le *sujet* achète dix exemplaires du journal, lit l'article dans les dix exemplaires, et dit à tout le monde : « Que c'est donc insupportable : vous savez comme je suis modeste et comme je déteste qu'on parle de moi. Eh bien! je ne sais comment ce chroniqueur a fait... mais c'est que c'est très exact. Quel ennui! »

Il faut des temps aussi abandonnés, aussi incertains que les nôtres, pour qu'une question

comme celle de la couleur du drapeau, prenne
l'importance qu'elle semble avoir en ce moment;
— il m'est impossible de la prendre plus au sérieux que la question qui se produisait de savoir si « le futur roi » porterait la perruque de
Louis XIV ou la petite queue poudrée, appelée
« salsifis », de Louis XVIII. — Il ne m'appartient
pas de donner des avis; — les diseurs de vérités
sont peu appelés dans le conseil des rois, —
même candidats; mais de même que j'avais dit
au gouvernement de Bordeaux : « En vous instal-
lant à Versailles, vous laissez à la Commune le
titre de gouvernement de Paris, » — je dirais à
la royauté imminente, dit-on : « Vous laissez aux
bonapartistes le drapeau tricolore. »

Le nom de Louis XVIII, qui m'est venu sous
la plume, me rappelle 1815; — j'avais alors sept
ans, mais il logeait à la maison deux oncles, —
capitaines de cavalerie, — qui avaient fait les
guerres de l'empire, — et on parlait beaucoup
aux coins de la cheminée de famille.

Il y avait alors au Palais-Royal trois ou quatre
cafés, — où les gardes du corps — et les officiers
de l'armée royaliste, d'une part, et d'autre part
les officiers démissionnaires ou destitués de l'em-

pire, se plaisaient à se rencontrer, se donnaient des sortes de rendez-vous tacites, pour se braver, se provoquer, se quereller et se battre.

Il y avait le café de la Paix, le café Lemblin et le café Valois.

On commençait par se grouper, — échanger des regards hostiles, dédaigneux, provocants, puis tout à coup les royalistes chantaient en chœur sur l'air de la Carmagnole :

> Que ferons-nous des trois couleurs?
> Le rouge, c'est le sang,
> Le bleu, c'est les brigands,
> Le blanc, c'est la franchise,
> C'est la devise
> Des Bourbons.

Les bonapartistes, qui commençaient à se mélanger de républicains, répondaient :

> Que ferons-nous des trois couleurs?
> Le bleu, c'est la candeur,
> Le rouge, la valeur,
> Le blanc, c'est la bêtise,
> C'est la devise
> Des Bourbons.

On se levait en tumulte, — on se lançait les verres, les bouteilles, les tabourets, — on cassait les glaces, on cassait les têtes, — on prenait des rendez-vous pour le lendemain.

J'ai voyagé il y a quelque temps avec des officiers ; — selon eux, l'armée n'accepterait que difficilement le drapeau blanc ; — le drapeau tricolore est pour eux comme une religion ; — il serait donc impolitique et dangereux de le laisser aux bonapartistes.

Le fils de Louis Napoléon en a dit quelques mots à Chislehurst.

Les bonapartistes ont déjà plus que leur part de couleurs : — ils ont le violet et ils ont aussi le vert ; — comme je l'ai appris en feuilletant un livre publié par M. Jules Pautet de Parois, sous-préfet de Sisteron (Basses-Alpes), et intitulé :

MANUEL COMPLET DU BLASON

Ou Code héraldique, archéologique et historique

A Paris, Librairie encyclopédique de Roret.

On voit qu'il s'agit là d'un livre au moins sérieux.

A la page 147, S. M. Napoléon III est désigné sous le surnom de *Napoléon le Sage.*

C'est à propos de ses armes, et voici ce qu'ajoute M. Jules Pautet.

Napoléon III, *le Sage*.

« Ses armes sont d'un noble symbolisme : l'aigle d'or est le signe de la gloire, de la grandeur, de la victoire et de la force.

» Elle est d'or, parce qu'elle vivifie comme le soleil et la lumière, en champ d'azur qui est le champ de France...

» Le casque est d'or, etc.; il est de front pour tout voir et tout embrasser...; le globe est le signe d'un pouvoir qui, par sa grandeur, sa sainteté et sa légitimité, rayonne sur le monde...

» Les lambrequins sont d'or comme pouvoir pur, brillant et sans tache. »

» D'argent, de gueules et d'azur, comme réunissant tous les partis; de *sinople, couleur particulière de Sa Majesté Napoléon III* (?), couleur de l'espérance qu'avait la France de son salut par une main napoléonienne; salut réalisé par Napoléon III; les abeilles symbolisent la sollicitude de l'Empereur pour les classes laborieuses, etc. »

19.

A la page 165 :

« Après ces prophétiques armoiries, contem-
plons avec bonheur cette aigle impériale qui
vient de nouveau planer sur la France, étendre
ses ailes sur ce beau pays, et le sauver de l'anarchie par la *grâce de Dieu* et le *vœu unanime* du
peuple français... »

Vous voyez « argent, gueules et azur » blanc,
rouge, bleu ; — ajoutez le violet et le vert ; — il
ne reste à prendre que le jaune.

Encore quatre lignes du sous-préfet de Sisteron, il s'agit du Deux-Décembre.

« Une journée à jamais féconde, célèbre et
sainte, dans laquelle le prince a terrassé l'anarchie, relevé les lois, sauvé la France et le monde
ébranlés. » (P. 165, ligne 25.)

Dans les éventualités de la royauté, résultat
de la fusion, on s'occupe beaucoup du Pape
et d'une chance de guerre avec l'Italie à son
sujet.

Je ne vois pas que les intérêts des papes soient
si intimement liés à ceux des rois de France, —
sans parler de Grégoire VIII, d'Alexandre VI, etc.

Jules II excommunia le bon Louis XII, le père

du peuple, mit la France en interdit et en fit cadeau à Henri VIII d'Angleterre.

Mais ne rappelons que les relations du roi Henri IV, dont Henri V a la prétention d'être le successeur immédiat, — avec les deux papes qui ont vécu de son temps.

Sixte V déclara Henri IV et toute la maison des Bourbons « hérétiques, relaps, ennemis de Dieu et de l'Église », — et comme tels il les déclarait déchus de tous leurs droits, indignes de posséder aucun fief; — il déclara aussi les sujets de Henri IV dégagés du serment de fidélité, etc.

Henri fit afficher aux portes du Vatican que Sixte V, soi-disant pape, en avait menti, — que c'était lui-même qu'on devait regarder comme hérétique, excommunié et antechrist, — se réservant le droit de punir en lui ou *ses successeurs* l'affront qu'il venait de faire; — il invitait tous les rois, princes et *républiques* de la chrétienté à se joindre à lui pour châtier la témérité de Sixte et des autres brouillons.

Plus tard, lorsque Henri IV se crut obligé de faire lever l'excommunication qui pesait sur lui, — il faut voir avec quelle insolence le successeur de Sixte V, Clément VIII, abusa de la situation.

MM. d'Ossat et Duperron, évêque d'Évreux, depuis cardinal, furent chargés de traiter à la cour de Rome l'affaire de l'absolution du roi.

Cette absolution fut « accordée » premièrement en consistoire public; — le sieur Duperron, représentant « la personne du roi », se mit à genoux devant le souverain pontife; — Clément VIII, dans cette posture, lui donna quelques coups de baguette adressés au roi, — pendant que le chœur chantait le psaume *Miserere*.

Voici les principaux des articles imposés au roi et accordés par ses représentants :

— Il obéira aux mandements du Saint-Siège.

— Le roi montrera par faits et par dicts, et même en donnant les honneurs et dignités du royaume, que les catholiques lui sont très chers, de façon que chacun comprenne qu'il désire qu'en France soit et fleurisse une seule religion, et icelle la catholique romaine.

— Le roi dira tous les jours le chapelet de Notre-Dame, — et le mercredi les litanies, — et le samedi le rosaire de Notre-Dame, — gardera les jeûnes et autres commandements de l'Église, oyra la messe tous les jours.

— Le roi bâtira, en chaque province du royaume, un monastère d'hommes ou de femmes.

— Il se confessera et communïera en public quatre fois pour le moins par chaque an.

Etc., etc.

Une des chances de succès pour les pèlerinages, ce sont les petites croix, amulettes, scapulaires, etc., de diverses couleurs, auxquelles beaucoup des pèlerins sauront bien un peu plus tard, sinon dans la rue, au moins dans les salons, faire jouer le rôle des décorations ; — nous avions les as de cœur rouges de Marie Alacoque ; — la croix également rouge de Lourdes ; — les pèlerins de Sainte-Radegonde portaient une petite croix violette bordée de blanc ; — le journal, auquel j'emprunte ce fait, dit que plusieurs d'entre les pèlerins réunissaient déjà le ruban rouge de Lourdes au ruban violet de Sainte Radegonde ; — on arrivera à la brochette.

Je trouve que les pèlerinages, en ressuscitant, se sont débarrassés de beaucoup des austérités qui devaient contribuer à les rendre méritoires.

Aujourd'hui on se rend aux divers sanctuaires dans de bon wagons capitonnés, en chemin de fer; — il se rencontre de bonnes âmes pour payer les places à ceux qui n'ont pas d'argent.

Autrefois les pèlerinages se faisaient pieds nus.

— Une reine de France, Catherine de Médicis, je crois, envoie à Jérusalem un pèlerin qui devait faire le trajet à pieds nus, trois pas en avant et un pas en arrière; — ce fut un bourgeois de *Verberie*, qui se présenta et accomplit religieusement le vœu de la reine; — on le fit surveiller, et, à son retour, on lui donna une somme d'argent et des lettres de noblesse; — ses armes représentaient une croix et une palme.

Si les six pèlerins, dont parle Rabelais, eussent voyagé en chemin de fer et couché dans de bonnes auberges, il ne leur fût pas arrivé ce que raconte le curé de Meudon : — Gargantua les cueillit avec de magnifiques laitues, parmi lesquelles ils étaient couchés pour passer la nuit, — et les mangea sans s'en apercevoir.

Pour beaucoup de gamins, d'oisifs, d'habitués

d'estaminet, de piliers de brasserie, de forts au billard et au bésigue, — se dire républicains, ça leur donne, du moins ils le croient, l'air d'être des hommes forts et énergiques; — ces habitudes de café entraînent celle de bavarder, de réciter le soir les tartines lues dans les journaux du matin, d'acquérir une certaine facilité à débagouler un certain nombre de phrases sans s'arrêter.

L'ouvrier, — le mauvais ouvrier, — l'ouvrier qui ne travaille pas, — celui qui par antiphrase s'intitule « le travailleur », se compare au bon ouvrier, à celui qui travaille, — qui n'a pas le loisir d'apprendre par cœur les élucubrations des journaux, — alors il juge que celui-ci « n'a pas de conversation », il se trouve supérieur à lui, — et quelquefois le lui fait croire.

Une chose qu'on semble ne pas savoir du tout en France, — c'est que le gouvernement républicain est celui de tous qui donne le moins de liberté, — surtout de cette liberté de fantaisie dont celui qui la prend est l'arbitre; — sous la république, la loi doit être absolue, inflexible, elle doit être obéie, non pas seulement avec

respect, avec soumission, avec abnégation; elle
doit être obéie avec religion, avec orgueil, avec
fanatisme.

Un roi débonnaire, bien assis et non menacé,
peut lâcher un peu la bride à ses sujets pour un
temps; — un tyran peut s'amuser à abandonner
tout à fait les rênes, ne fût-ce que pour cor-
rompre le peuple et l'amener à se complaire
dans l'esclavage; mais la république, c'est la
lex ferrea, lex œnea, — la loi de fer et de bronze
— la loi implacable, inexorable, — qui ne recon-
naît pas de petite désobéissance, — de désobéissance vénielle.

Hélas! est-il dit que ce peuple français si
heureusement doué, si favorisé par la Providence
— dont l'histoire entière n'est peut-être pas
plus belle que celle des autres peuples, — mais
a de plus belles et surtout de plus brillantes
pages; — est-il arrêté dans les arrêts de la
Providence qu'après avoir été si longtemps jeune,
ardent, aimable, amoureux, poète, chevalier,
— il doit arriver à la vieillesse et à la décrépitude
sans avoir passé par l'âge mûr et par la virilité,
et tomber dans une seconde et sénile et dernière
enfance?

Quant à la question du drapeau, le comte de Chambord ressemble à un homme qui, se disant bon nageur et voyant un autre homme qui se noie, discuterait, sur le bord de la mer, la couleur du caleçon qu'il convient de mettre pour aller à son secours.

Grâce à une idée due au ministère qui vient de tomber, la France va sortir d'un grand embarras ; il est juste, il est bien de lui témoigner la reconnaissance qui lui est due, au moment de sa chute.

Ce qui perd la France, c'est la production exagérée de grands hommes ; — c'est un phénomène dont on trouve parfois d'autres exemples dans l'histoire naturelle.

Par exemple, j'avais à Saint-Raphaël deux paons — mâle et femelle ; la femelle a couvé tous les ans, mais jamais les œufs n'ont produit que des mâles ; ces mâles sont magnifiques, c'est vrai, quand ils traînent dans les allées du jardin leur splendide manteau vert et bleu, où lorsqu'ils étalent en éventail au soleil leur queue constellée d'yeux de saphirs et d'émeraudes ; — mais, cependant, c'était une anomalie brillante par suite de laquelle, d'abord et tout de suite, mes hôtes si richement vêtus auraient passé leur vie à se battre et à s'entre-plumer, et, d'ici à quelques années, la race se serait éteinte ; heureusement qu'un voisin généreux m'a donné des femelles.

Un autre exemple et qui date de bien longtemps :

Mon père aimait les jardins, avait semé des tulipes avec Mehul et s'était montré aux premiers rangs dans la révolution qui, dans la culture ou plutôt dans le culte et la religion des tulipes, avait substitué les fonds blancs aux fonds jaunes.

Il m'apporta un jour à Sainte-Adresse une petite boîte pleine de graines de giroflées ; — c'était une magnifique espèce, le gros « cocardeau rouge » mais avec des rameaux et des fleurs démesurées. — J'en eu de quoi semer plusieurs années de suite ; mais, après cela, je perdis l'espèce — parce que tous les plans qui levèrent me donnèrent des fleurs doubles et que pas une seule giroflée ne produisit des fleurs simples qui sentent, font de la graine et se reproduisent.

La France produit en abondance, en surabondance même, des grands hommes de toutes sortes; — elle manque d'agriculteurs, d'ouvriers, de bourgeois — elle manque même d'avocats — ce dernier point a besoin d'être expliqué et va l'être à son tour. Quant aux agriculteurs et aux ouvriers, par l'accroissement exagéré des villes et la tendance imprudente et sottement protégée par les gouvernements, les hommes quittent tous les jours en plus grand nombre les champs pour les villes; une fois dans les villes, ils commencent par se faire ouvriers, mais ils ne tardent guère à devenir de grands politiques, passant une partie de leurs journées au café, au cabaret, à lire les journaux, à entendre et au besoin faire des discours et à miner, bouleverser et gouverner leur pays.

Pour les bourgeois, ils mettent un *de* devant leur nom, vont aux pèlerinages de Lourdes et de la Salette, parient aux courses et entretiennent en société et en pique-nique — des courtisanes à cheveux rouges — et disent : nous autres — ma maison, mes ancêtres, mon rang.

Les avocats ne peuvent plus défendre..... ni

attaquer la veuve et l'orphelin, ou, comme on disait du célèbre Ch. d'E,

Il défendait la veuve, et faisait l'orphelin.

D'autres devoirs leur incombent; — ils doivent faire des discours sur les balcons, sur les tables d'auberges et de cabaret, ils doivent devenir députés, ministres, présidents de la république.

Donc la France ne produit plus que des paons mâles et des giroflées à fleurs doubles : — c'est beau, c'est brillant, c'est riche, — mais dans un temps donné, l'espèce se perdrait comme cela est arrivé pour mes giroflées, comme cela a failli arriver pour mes paons; — en attendant, on se bat, on s'entre-plume, etc.

Eh bien, le ministère de Broglie avait compris que la France, produisant trop de grands hommes pour sa consommation, devait être consommée par eux. On avait bien la chambre des représentants, — mais c'est étroit, c'est mesquin; on donne asile à peine à sept cents intelligences supérieures, à sept cents génies, à sept cents poli-

tiques laborieux et sagaces, à sept cents grands
orateurs — à sept cents grands citoyens — à sept
cents incorruptibilités, à sept cents désintéres-
sements, à sept cents dévouements.

Mais qu'est-ce que sept cents casés quand tant
de milliers restent à la porte? — C'est alors que
le ministère de Broglie se montra à la fois intelligent et du danger que courait le pays et du
caractère français : il pensa à une seconde Assemblée où on pourrait mettre encore sept cents
Richelieu, sept cents Démosthènes, sept cents
Décius, etc., — c'est peu, mais c'est toujours ça;
— une rallonge à la table.

Mais comment nommer cette seconde Assemblée? Sénat? c'est usé, il n'en faut plus. — Les
sénats des deux empires n'avaient pas laissé de
traces brillantes.

De même qu'un jour il n'a plus fallu de *conscription*, ni de *gendarmerie*, ni de *droits réunis*,
alors on a obéi au sentiment public, on a aboli
la *conscription*, la *gendarmerie* et les *droits réunis*,
on les a, aux applaudissements de toute la France,
remplacés par le *recrutement*, la *garde municipale*
et les *contributions indirectes*, qui sont exacte-

ment la même chose. Le ministère depuis a imaginé non pas de créer un nouveau *sénat*, fi donc ! — mais un *haut conseil*. Espérons que cette grande idée sera ramassée par ses successeurs.

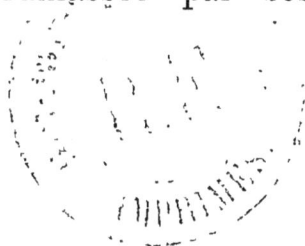

FIN

PARIS. — IMPRIMERIE ÉMILE MARTINET, RUE MIGNON, 2.

NOUVEAUX OUVRAGES EN VENTE

Format in-8°.

Format gr. in-18 à 3 fr. 50 c. le volume.

Paris. — Imprimerie DUMOUTET. 5, rue Auber.

www.ingramcontent.com/pod-product-compliance
Lightning Source LLC
Chambersburg PA
CBHW071631270326
41928CB00010B/1865